T0130177

Was ist eigentlich …?

Reihe herausgegeben von
T. Strobach, Hamburg, Deutschland

Die Buchreihe „Was ist eigentlich …?" möchte den Leserinnen und Lesern einen ersten Einblick in die verschiedenen Disziplinen der Psychologie geben. Die Einteilung der Bände dieser Reihe orientiert sich dabei an den typischen Psychologiemodulen an deutschen Universitäten. Deshalb eignen sich die kompakten Bücher vor allem für Psychologiestudierende am Beginn des Studiums. Sie bieten aber auch für alle anderen, generell an psychologischen Themen Interessierten einen ersten, gut verständlichen Einblick in die psychologischen Disziplinen: Jeder Band stellt den Kern einer dieser Disziplinen vor. Des Weiteren werden prominente Fragestellungen und Diskurse der Vergangenheit und der Gegenwart vorgestellt. Außerdem wird ein Blick in die Zukunft und auf offene Fragen gerichtet.

Weitere Bände in der Reihe http://www.springer.com/series/15934

Bettina S. Wiese · Anna M. Stertz

Arbeits- und Organisations- psychologie

Ein Überblick für Psychologiestudierende und -interessierte

Springer

Bettina S. Wiese
Institut für Psychologie, RWTH Aachen
University, Aachen, Nordrhein-Westfalen
Deutschland

Anna M. Stertz
Institut für Psychologie, RWTH Aachen
University, Aachen, Nordrhein-Westfalen
Deutschland

ISSN 2523-8744   ISSN 2523-8752   (electronic)
Was ist eigentlich ...?
ISBN 978-3-662-58055-4   ISBN 978-3-662-58056-1   (eBook)
https://doi.org/10.1007/978-3-662-58056-1

Die Deutsche Nationalbibliothek verzeichnet diese Publikation in der Deutschen Nationalbiblio-
grafie; detaillierte bibliografische Daten sind im Internet über http://dnb.d-nb.de abrufbar.

Umschlaggestaltung: deblik Berlin

Springer ist ein Imprint der eingetragenen Gesellschaft Springer-Verlag GmbH, DE und ist ein
Teil von Springer Nature
Die Anschrift der Gesellschaft ist: Heidelberger Platz 3, 14197 Berlin, Germany

Vorwort

Dieses Buch zur Arbeits- und Organisationspsychologie soll auf leicht verständliche Weise in eines der zentralen anwendungsbezogenen Gebiete der Psychologie einführen. Dabei handelt es sich nicht nur um einen Lehr- und Forschungsbereich, sondern zugleich um ein wichtiges Beschäftigungsfeld für praktisch tätige Psychologen/Psychologinnen. Eingebunden in die Reihe *Was ist eigentlich …?* soll unser kurzes Buch zur Arbeits- und Organisationspsychologie ohne psychologisches Vorwissen auskommen und Interesse an mehr wecken.

Eine sehr kurze Antwort auf die Frage, was den Gegenstand dieser Teildisziplin ausmacht, lautet: Die Arbeits- und Organisationspsychologie erforscht das menschliche Erleben und Verhalten in Arbeitskontexten. Diese Definition möchten wir mit Leben füllen, indem wir einen (hoffentlich!) informativen Überblick zu wichtigen Forschungsgebieten der Arbeits- und Organisationspsychologie geben. Dazu gehören Themen wie Arbeitsmotivation und -zufriedenheit, Belastung und Beanspruchung, Personalauswahl und -entwicklung, Eignungs- und Leistungsdiagnostik, Führung und Teamarbeit sowie Berufswahl und -entwicklung. Schnell wird dem Leser/der Leserin dabei deutlich werden, dass die Arbeits- und Organisationspsychologie ein außerordentlich vielfältiges Gebiet darstellt, und zwar sowohl inhaltlich als auch methodisch. Für Psychologen/Psychologinnen liegt der Reiz der Forschung in diesem Gebiet sicher auch darin, an viele andere Teildisziplinen der Psychologie unmittelbar anknüpfen zu können. Langweilig wird es in der Arbeits- und Organisationspsychologie aber auch deshalb nie, weil die Kontexte, in denen Arbeit stattfindet, sich wandeln und solche Veränderungsprozesse Theoriebildung und empirische Forschung immer wieder aufs Neue herausfordern.

Unsere Einführung richtet sich an jene unter Ihnen, die überlegen, ein Studium der Psychologie zu beginnen, an jene, die sich gerade als Studienanfänger/innen an der Universität für ein Psychologiestudium eingeschrieben haben, sowie an alle, die dieses Buch einfach als interessierte Laien zur Hand nehmen. Sie alle laden wir ein zu einer kurzen Tour d'Horizon, die Ihnen die Teildisziplin der Arbeits- und Organisationspsychologie näher bringen möchte.

Aachen   Bettina S. Wiese
im Juli 2018   Anna M. Stertz

Lernmaterialien zur Arbeits- und Organisationspsychologie im Internet – www.lehrbuch-psychologie.springer.com

Friedemann W. Nerdinger
Gerhard Blickle · Niclas Schaper

Arbeits- und Organisationspsychologie

4. Auflage

Springer

- Deutsch-englisches Glossar mit über 300 Fachbegriffen
- Karteikarten: Fachbegriffe pauken
- Kommentierte Linksammlung
- Zusammenfassungen der 32 Buchkapitel
- Dozentenmaterialien: Foliensätze, Abbildungen und Tabellen

Simone Kauffeld *Hrsg.*

Arbeits-, Organisations- und Personalpsychologie für Bachelor

3. Auflage

Springer

- Lernziele der 11 Buchkapitel
- Glossar der wichtigsten Fachbegriffe
- Karteikarten und Verständnisfragen mit Antworthinweisen
- Hörbeiträge aller Kapitel kostenlos zum Download
- Dozentenmaterialien: Vorlesungsfolien, Prüfungsfragen, Abbildungen, Tabellen

Klaus Moser *Hrsg.*

Wirtschafts-
psychologie

- Zusammenfassungen der Kapitel
- Glossar: Im Web nachschlagen
- Karteikarten: Fachbegriffe pauken
- Kontrollfragen & Antworten zur Prüfungsvorbereitung
- Dozentenmaterialien: Foliensätze, Abbildungen und Tabellen

Christian Fichter *Hrsg.*

Wirtschafts-
psychologie
für Bachelor

- Zahlreiche Webexkurse und ein Bonuskapitel „Methodischer Rahmen der Wirtschaftspsychologie"
- Karteikarten, Verständnisfragen und Antworten: Prüfen Sie Ihr Wissen
- Schnelles Nachschlagen: Glossar
- Literaturhinweise, wirtschaftspsychologisch relevante Websites, Youtube-Kanäle und Blogs
- Dozentenmaterialien: Foliensätze, Abbildungen und Tabellen

David G. Myers

Psychologie

- Kapitelzusammenfassungen
- Verständnisfragen und Antworten
- Glossar mit über 600 Fachbegriffen
- Karteikarten
- Dozentenmaterialien: Foliensätze, Abbildungen und Tabellen

Klaus Jonas · Wolfgang Stroebe
Miles Hewstone *Hrsg.*

**Sozial-
psychologie**

6. Auflage

Springer

- Kapitelzusammenfassungen
- Verständnisfragen und Antworten
- Karteikarten: Fachbegriffe pauken
- Kommentierte Linksammlung
- Dozentenmaterialien: Vorlesungsfolien, Abbildungen und Tabellen

Einfach lesen, hören, lernen im Web – ganz ohne Registrierung!
Fragen? lehrbuch-psychologie@springer.com

Inhaltsverzeichnis

1 **Gegenstand der Arbeits- und Organisationspsychologie** 1
 1.1 Bezüge der Arbeits- und Organisationspsychologie
 zu anderen Gebieten der Psychologie 2
 1.2 Methoden der Arbeits- und Organisationspsychologie 3
 1.3 Arbeits- und Organisationspsychologie als Berufsfeld 4
 Literatur 6

2 **Leistung und Leistungsbeurteilung** 7
 2.1 Leistungsbeurteilung 9
 Literatur 12

3 **Arbeitszufriedenheit und -motivation** 13
 3.1 Arbeitszufriedenheit 13
 3.2 Motive und Motivation 16
 Literatur 19

4 **Belastung und Beanspruchung im Arbeitsleben** 21
 4.1 Modellvorstellungen zum Stresserleben 21
  4.1.1 Transaktionales Stressmodell 21
  4.1.2 Job-Demands-Control-Modell und
   Job-Demands-Resources-Modell 22
  4.1.3 Das „Vitamin"-Modell 23
 4.2 Erholungsprozesse 24

4.3   Beanspruchungserleben an der Schnittstelle von
       Berufs- und Privatleben 26
       4.3.1   Konflikterleben zwischen
               Erwerbstätigkeit und Familie 26
       4.3.2   Beanspruchung durch den Arbeitsweg 28
Literatur 30

5   Personalauswahl und -entwicklung 33
5.1   Personalauswahl 33
5.2   Personalentwicklung 39
Literatur 41

6   Teamarbeit und Führung 43
6.1   Teamarbeit 43
6.2   Führung 45
Literatur 48

7   Erwerbstätigkeit und berufliche Entwicklung 51
7.1   Funktionen von Erwerbsarbeit 51
7.2   Berufswahl und -entwicklung 53
Literatur 61

8   Ein Blick in die Zukunft 65
Literatur 70

Gegenstand der Arbeits- und Organisationspsychologie

Die Arbeits- und Organisationspsychologie gehört neben der Klinischen und der Pädagogischen Psychologie zu den klassischen Anwendungsfeldern des Fachs.

▶ **Definition** Gegenstand der **Arbeits- und Organisationspsychologie** ist das menschliche Erleben und Verhalten in Arbeitskontexten. Konkret beschäftigt sich dieser Anwendungsbereich der Psychologie mit der Frage, wie sich dieses Erleben und Verhalten erklären, vorhersagen und verändern lässt.

Eine Abgrenzung der Gebiete Arbeitspsychologie und Organisationspsychologie ist möglich, aber die Überlappungsbereiche sind groß. Aus Sicht der Arbeitspsychologie findet Arbeit nicht ausschließlich als bezahlte Erwerbsarbeit statt, vielmehr lässt sich der Arbeitsbegriff auch auf unbezahlte Tätigkeiten in Haushalt und Familie sowie ehrenamtliche Tätigkeiten anwenden (Wiese 2015). Nichtsdestotrotz beschäftigt sich der weitaus größte Teil der Arbeitspsychologie mit Erwerbstätigkeit. Für die Organisationspsychologie ist insbesondere die Einbettung der Erwerbstätigkeit und der Erwerbstätigen in eine Organisation relevant. Die beschäftigende Organisation ist dabei ein spezifisches soziales System mit eigenen Strukturen und Regeln.

Früher war die Bezeichnung Betriebspsychologie ebenfalls gängig; heute wird der allgemeinere Begriff Organisationspsychologie bevorzugt, der beispielsweise auch Verwaltungsorganisationen umfasst. Neben den Themengebietsbezeichnungen Arbeitspsychologie und Organisationspsychologie sind auch noch die Bezeichnungen Personalpsychologie und Wirtschaftspsychologie verbreitet. In der Personalpsychologie stehen mit den Themen Personalauswahl und -entwicklung besonders die Interessen der Arbeitgeber im Vordergrund, indem Personen vor allem in ihrer Funktion als (potenzielle) Mitarbeiter/-innen

© Springer-Verlag GmbH Deutschland, ein Teil von Springer Nature 2019
B. S. Wiese und A. M. Stertz, *Arbeits- und Organisationspsychologie,*
Was ist eigentlich …?, https://doi.org/10.1007/978-3-662-58056-1_1

betrachtet werden. Der jüngste unter den oben aufgeführten Begriffen ist jener der Wirtschaftspsychologie. In einer von den Begriffen Arbeits- und Organisationspsychologie abgrenzenden Form fassen Moser und Paul (2015) darunter Themen des Konsumentenverhaltens. Allerdings wird der Begriff der Wirtschaftspsychologie auch weitreichender verstanden. So beinhalten neu gestaltete Studiengänge unter dem Titel Wirtschaftspsychologie auch die anderen bereits skizzierten Themengebiete. Ein spezifischeres Teilgebiet stellt die Ingenieurpsychologie dar, die sich u. a. mit arbeitsrelevanten Mensch-Technik-Systemen befasst.

1.1   Bezüge der Arbeits- und Organisationspsychologie zu anderen Gebieten der Psychologie

Als Anwendungsgebiet der Psychologie schöpft die Arbeits- und Organisationspsychologie aus verschiedenen Grundlagenfeldern des Fachs. An dieser Stelle sollen nur einige Beispiele genannt werden: In der Sozialpsychologie erforschte Mechanismen der sozialen Beeinflussung sind gut auf Gruppenarbeitssituationen anwendbar. Für Fragen der Personalauswahl sind nicht nur diagnostische Grundlagenkenntnisse bedeutsam, sondern beispielsweise auch persönlichkeitspsychologische Modellvorstellungen. Die Motivationspsychologie und die Entwicklungspsychologie liefern wertvolle Erkenntnisse für Fragen der Mitarbeiterführung in unterschiedlichen Karrierephasen. Emotionspsychologisches Grundlagenwissen findet seine Anwendung u. a. bei der Frage, wie Erwerbstätige mit Anforderungen an Emotionsregulation im Kundenkontakt umgehen. Wissen aus der Kognitionspsychologie zu Informationsaufnahme und -verarbeitung lässt sich für die Optimierung von Arbeit in Mensch-Technik-Systemen nutzen.

Neben dem Wissen aus den Grundlagendisziplinen der Psychologie profitiert die Arbeits- und Organisationspsychologie auch aus der Forschung in anderen Anwendungsfächern. Auch hier seien einige Beispiele genannt: Im Zusammenhang mit der arbeitspsychologischen Belastungs- und Beanspruchungsforschung sind Kenntnisse aus der Gesundheitspsychologie und Klinischen Psychologie zu Bewältigungsstrategien nützlich. Die Pädagogische Psychologie liefert Erkenntnisse zur Gestaltung lernförderlicher Arbeitsumwelten. Zum besseren Verständnis der Nutzung und Wirkung moderner Kommunikationstechnologien im Arbeitskontext lassen sich Forschungsergebnisse aus der Medienpsychologie anwenden. Die Verkehrspsychologie stellt wichtige Befunde zu Mobilitätsverhalten bereit, die auch von der Arbeits- und Organisationspsychologie genutzt werden. Die in der Umweltpsychologie erforschten Stressoren (z. B. Lärm, Hitze, Störungen) sind relevant für die Gestaltung von Arbeitsumgebungen.

1.2 Methoden der Arbeits- und Organisationspsychologie

Zur Beantwortung ihrer spezifischen inhaltlichen Fragen nutzt die Arbeits- und Organisationspsychologie das gesamte Methodenrepertoire der Disziplin. Dazu zählen u. a. korrelative Studien, in denen Zusammenhänge (z. B. zwischen eigener Arbeitszufriedenheit und Vorgesetzteneinschätzungen der Leistung) quer- und längsschnittlich untersucht werden, Experteninterviews, Tagebucherhebungen, Tätigkeitsbeobachtungen sowie Labor- und Feldexperimente. Dabei kann es sich um Selbstberichts-, Fremdberichts- und Verhaltensdaten, aber auch biologische Maße (z. B. peripherphysiologisch, endokrinologisch) handeln.

Bei Laborexperimenten findet die Forschung in einer kontrollierten Umgebung statt. Dagegen werden Phänomene bei Feldexperimenten in der natürlichen Arbeitsumgebung untersucht. Selbstverständlich stellt der experimentelle Zugang den zu bevorzugenden Weg dar, um auf kausale Zusammenhänge schließen zu können. Im Sinne der ökologischen Validität hat das Experiment aber auch Grenzen, denn Schlussfolgerungen auf eine Umwelt, die nicht den Gegebenheiten der laborexperimentellen Mikrowelt entspricht, sind streng genommen nicht möglich. Manche Phänomene entziehen sich überdies einer experimentellen Prüfung, weil sich entscheidende Variablen kaum experimentell manipulieren lassen (z. B. Alter, Geschlecht) oder weil der praktischen Umsetzbarkeit Grenzen gesetzt sind und ethische Gründe dagegen sprechen (z. B. zufällige Zuweisung von Elternpaaren zu einer langen oder kurzen Elternzeit). Eine weitere Herausforderung in der arbeits- und organisationspsychologischen Forschung stellen Studien mit Arbeitsgruppen dar. Arbeitsgruppen sind nicht nur weitaus weniger leicht für die Teilnahme an Studien zu gewinnen als Einzelpersonen, sondern liefern auch eine andere, nämlich hierarchisch geschachtelte Datenstruktur (z. B. Personen in Arbeitsgruppen, Arbeitsgruppen in Organisationen, Organisationen in Branchen), die eigene Anforderungen an die statistische Auswertung stellen. Dies hängt damit zusammen, dass hier abhängige Datenstrukturen vorliegen, da die Gruppenmitglieder in jeder der Gruppen anderen Einflüssen unterliegen und andere Erfahrungen miteinander teilen.

Trotz der grundsätzlichen methodischen Vielfalt muss festgehalten werden, dass eine substanzielle Zahl an aktuellen arbeits- und organisationspsychologischen Publikationen auf querschnittliche Zusammenhänge beschränkt ist. Auch in die Metaanalysen, auf die wir in den nachfolgenden thematisch orientierten Kapiteln wiederholt Bezug nehmen, gehen zu einem großen Teil Querschnittsbefunde ein. In Metaanalysen werden Befunde aus mehreren Studien bzw. von unabhängigen Stichproben zu einer ausgewählten Fragestellung zusammengefasst.

Dabei werden auf der Basis von Primärstudienparametern (z. B. Stichprobeng-
röße, Zuverlässigkeit der Messinstrumente) eine allgemeine mittlere Effektgröße
sowie die Unterschiedlichkeit der gefundenen Effektstärken bestimmt. Die Problematik der querschnittlichen Betrachtung findet sich z. T. auch in sog. Tagebuchstudien, die seit etwa 15 Jahren insbesondere in der stressbezogenen arbeits- und
organisationspsychologischen Forschung vermehrt angewandt werden, sofern
nicht auch zeitversetzte Beziehungen zwischen den Erhebungszeitpunkten ana-
lysiert werden. Grundsätzlich bestehen Tagebuchstudien aus wiederholten
Befragungen von Personen über einen Zeitraum von mehreren Tagen oder
Wochen, wobei es sowohl Varianten mit einem festen Befragungszeitpunkt gibt
als auch solche, die ereignisbasiert (d. h. Eintragungen sind nach Eintreten eines
vorher definierten Ereignisses vorzunehmen, z. B. Interaktion mit dem/der Vorgesetzten) oder signalbasiert sind (z. B. nach Erhalt einer SMS durch den/die
Studienleiter/in). Ein Vorteil dieses Studiendesigns ist zum einen der unmittelbare Alltagsbezug, zum anderen die gleichzeitige Berücksichtigung von sowohl
interindividuellen Unterschieden zwischen den teilnehmenden Personen als auch
Unterschieden im Erleben und Verhalten einer Person zu verschiedenen Zeitpunkten (z. B. Selbstkontrollkapazität an Tagen mit Verkehrsstau auf dem Arbeitsweg vs. staufreier Fahrt).

1.3 Arbeits- und Organisationspsychologie als Berufsfeld

Da die Arbeits- und Organisationspsychologie eines der klassischen Anwendungsfelder der Psychologie darstellt, eröffnet ein Studium diese Gebiets nicht nur
Karriereoptionen im Bereich der Wissenschaft: Arbeits- und Organisations-
psychologen/-psychologinnen werden sowohl in Profit-Unternehmen als auch
in Non-Profit-Organisationen (z. B. Agentur für Arbeit) gesucht. So haben
große Organisationen Abteilungen im Bereich Arbeitsschutz und betrieb-
liches Gesundheitsmanagement, in denen beispielsweise Know-how im
Bereich Belastung und Beanspruchung (Kap. 4) erforderlich ist. Weiterhin finden Arbeits- und Organisationspsychologen/-psychologinnen Beschäftigung
in Personalabteilungen großer Unternehmen, in denen sie mit Aufgaben der
Personalauswahl und -entwicklung betraut sind (Kap. 5). Ein weiteres Haupt-
arbeitsfeld ist die Organisationsentwicklung, an der Psychologen/Psychologinnen
etwa als freiberufliche Organisationsberater/-innen oder Mitarbeiter/-innen von
Organisationsberatungsunternehmen beteiligt sind. Auch die Berufsberatung,

Coachingangebote für Führungskräfte sowie die Teamentwicklung gehören zu den Beschäftigungsbereichen. Wer eine Tätigkeit in den genannten Feldern anstrebt, sollte allerdings bedenken, dass er oder sie hier auch in Konkurrenz zu Absolventinnen und Absolventen anderer Disziplinen tritt. Führungspositionen im Personalbereich werden z. B. nicht selten durch Wirtschafts- oder Rechtswissenschaftler/-innen bekleidet. Im Bereich des Arbeitsschutzes treten Psychologen/Psychologinnen in Konkurrenz zu medizinisch oder ingenieurwissenschaftlich ausgebildeten Bewerber/-innen. Was Psychologen/Psychologinnen dabei jedoch sicher überzeugend ins Feld führen können, ist ihre hohe Methodenkompetenz, die insbesondere diagnostische Kenntnisse betrifft, aber auch die systematische Evaluation von Praxismaßnahmen (Kap. 2 und 5). Hier profitieren Psychologen/Psychologinnen von ihrer breiten Methodenausbildung, wie sie an Universitäten praktiziert wird. Tatsächlich verfügen Arbeits- und Organisationspsychologen und -psychologinnen typischerweise über einen Masterabschluss (früher Diplom) aus einem allgemeinen universitären Psychologiestudiengang. In den letzten Jahren finden sich aber auch vermehrt Fachhochschulstudiengänge mit einer spezifischen arbeits- und organisationspsychologischen Ausrichtung, bei zugleich schlankerem Angebot der Grundlagenfächer. Darüber hinaus bieten verschiedene Institutionen (z. B. Berufsgenossenschaften) postgraduale Fort- und Weiterbildung im Bereich der Arbeits- und Organisationspsychologie an, die gleichermaßen Personen mit anderen Bildungsabschlüssen offenstehen. Auf diesem Weg gelangt arbeits- und organisationspsychologisches Wissen auch zu anderen Experten/Expertinnen. Gleichzeitig profitieren Arbeits- und Organisationspsychologen/-psychologinnen durchaus von Fortbildungen zu Themen, die in ihrem eigenen Studium bestenfalls eine ergänzende Rolle gespielt haben (z. B. Arbeitsrecht, Mediation).

Zusammenfassung

Thematisch beschäftigt sich die Arbeits- und Organisationspsychologie mit dem menschlichen Erleben und Verhalten in Arbeitskontexten. Dabei geht es insbesondere auch um die Einbettung der Erwerbstätigkeit und der Erwerbstätigen in Organisationen. Zur Bearbeitung von Forschungsfragen nutzt diese Teildisziplin ein breites Methodenspektrum, das beispielsweise sowohl Befragungen von Erwerbstätigen als auch Verhaltensbeobachtungen umfasst. Da die Arbeits- und Organisationspsychologie eines der großen Anwendungsfächer der Psychologie darstellt, kann das Hochschulstudium in diesem Gebiet nicht nur den Beginn eines akademischen Karriereweges darstellen, sondern eröffnet vielfältige Karriereoptionen in Profit-Unternehmen und Non-Profit-Organisationen.

Literatur

Moser, K. & Paul, K. I. (2015). Wirtschaftspsychologie. In A. Schütz, M. Brand, H. Selg & S. Lautenbacher (Hrsg.), *Psychologie. Eine Einführung in ihre Grundlagen und Anwendungsfächer* (5., vollst. überarb. und erw. Aufl., S. 434–446). Stuttgart: Kohlhammer.

Wiese, B. S. (2015). Arbeitspsychologie. In A. Schütz, H. Selg, M. Brand & S. Lautenbacher (Hrsg.), *Psychologie. Eine Einführung in ihre Grundlagen und Anwendungsfelder* (5., vollst. überarb. und erw. Aufl., S. 410–422). Stuttgart: Kohlhammer.

Leistung und Leistungsbeurteilung

2

Aus personalpsychologischer Perspektive ist die Leistung von Beschäftigten nicht einfach nur als ein Ergebnis zu konzeptualisieren, wie es aus betriebswissenschaftlicher Sicht der Fall ist, sondern als ein Prozessgeschehen, bei dem insbesondere das Verhalten im Vordergrund steht. Tatsächlich wirft eine rein auf das Arbeitsergebnis bezogene Leistungsdefinition Probleme auf, da ein Arbeitsergebnis nicht ausschließlich durch das individuelle Arbeitsverhalten bestimmt wird (sog. Zurechnungsproblem; vgl. Staufenbiel 2012). Vielmehr hängt das Arbeitsergebnis unter Umständen auch von der Zuarbeit anderer, der Verfügbarkeit von notwendigen Materialien und Informationen u. Ä. ab. Beispielsweise kann ein Verkäufer in einem Geschäft nur dann Verkaufserfolge erzielen, wenn auch Kunden das Geschäft besuchen.

Arbeitsleistung bezieht sich aus einer personalpsychologischen Sicht überdies nicht nur auf spezifische, klar definierte Aufgaben, wie sie in den Tätigkeitsbeschreibungen von Arbeitsverträgen festgelegt sind. Ein wichtiger Leistungsbereich ist darüber hinaus das Verhalten von Beschäftigten, das zwar den Zielen der Organisation dient, aber nicht formal festgeschrieben und somit freiwillig ist. Ein solches Verhalten wird als Extrarollenverhalten oder auch Organizational Citizenship Behavior (OCB; Organ 1988) bezeichnet.

▶ **Definition** „**Organizational Citizenship Behavior** ist freiwilliges Verhalten, das sich positiv auf die Funktionsfähigkeit der Organisation auswirkt und im Rahmen des formalen Anreizsystems nicht direkt oder explizit berücksichtigt wird." (Nerdinger und Schaper 2014, S. 445).

© Springer-Verlag GmbH Deutschland, ein Teil von Springer Nature 2019
B. S. Wiese und A. M. Stertz, *Arbeits- und Organisationspsychologie, Was ist eigentlich …?*, https://doi.org/10.1007/978-3-662-58056-1_2

Laut Organ (1988) fallen unter OCB:

- Hilfeverhalten,
- eine besonders hohe Sorgfalt bei der Aufgabenerfüllung,
- Höflichkeit,
- Unkompliziertheit und Gelassenheit sowie
- Teilhabe am sozialen Leben in der Organisation.

Wie distinkt die vorgeschlagenen Dimensionen sind, ist umstritten. LePine et al. (2002) schlagen vor, das Ausmaß der Kooperations- und Hilfsbereitschaft als den zentralen Kern von OCB zu betrachten und auf eine differenzierte Analyse der Einzelfacetten zu verzichten. Ihre Metaanalyse zeigt u. a., dass hohe Arbeitszeit mit ausgeprägterem OCB einhergeht. Dabei muss allerdings offen bleiben, ob zufriedene Mitarbeiter/-innen eine höhere Bereitschaft zu Kooperation haben und/oder ob ein kooperatives Miteinander die Zufriedenheit stärkt. Bemerkenswerterweise scheint OCB in die Leistungsbeurteilung von Beschäftigten durch Vorgesetzte einzufließen und dabei bisweilen eine größere Rolle zu spielen als Ergebniskriterien der Tätigkeit im engeren Sinne (z. B. Verkaufszahlen; vgl. Nerdinger und Schaper 2014). Im Arbeitskontext gibt es aber nicht nur sehr positive Verhaltensweisen wie z. B. OCB, sondern auch negativ zu bewertende Verhaltensweisen wie kontraproduktives Verhalten (Sackett 2002; Spector et al. 2006).

▶ **Definition Kontraproduktives Arbeitsverhalten** ist ein intentionales Verhalten, das die legitimen Interessen einer Organisation verletzt und die Organisation als Ganzes oder einzelne ihrer Mitglieder zu schädigen intendiert bzw. eine Schädigung in Kauf nimmt (vgl. Nerdinger und Schaper 2014; Spector et al. 2006).

Kontraproduktives Arbeitsverhalten kann Produktionsschädigung (z. B. ausgedehnte Pausen), Eigentumsschädigung (z. B. Diebstahl), Aggressionen gegenüber Personen (z. B. sexuelle Belästigung) oder auch politisches Fehlverhalten (z. B. Weitergabe von vertraulichen Informationen) umfassen. Eine geringe Gewissenhaftigkeit und eine geringe Fähigkeit zur Selbstkontrolle scheinen die Wahrscheinlichkeit von kontraproduktivem Verhalten zu erhöhen (vgl. Nerdinger und Schaper 2014). Auch eine geringe Arbeitszufriedenheit weist einer Metaanalyse von Dalal (2005) folgend Beziehungen zu kontraproduktivem Verhalten auf. Situative Bedingungen, die kontraproduktives Verhalten begünstigen, sind erlebte Ungerechtigkeit und Frustrationserfahrung (z. B. Greenberg 1990).

2.1 Leistungsbeurteilung

Im Erwerbskontext dienen Leistungsbeurteilungen dazu, den Beitrag der Mitarbeiter und Mitarbeiterinnen zu den Unternehmenszielen zu bestimmen (Lohaus und Schuler 2014). Die wichtigste Quelle für subjektive Leistungseinschätzungen bildet der/die **Vorgesetzte**. Für eine valide Beurteilung muss diese/r allerdings genügend Gelegenheiten zur Verhaltensbeobachtung haben und mit den konkreten Arbeitsaufgaben des Mitarbeiters/der Mitarbeiterin vertraut sein. Dies gilt selbstverständlich auch für Beurteilungen von Vorgesetzten durch ihre **Mitarbeiter/Mitarbeiterinnen**. Sowohl Beurteilungen durch Vorgesetzte als auch durch Mitarbeiter/-innen können durch eigene Interessen oder Befürchtungen geleitet sein. Würde etwa ein Vorgesetzter alle seine Mitarbeiter/-innen als leistungsschwach beurteilen, kämen Zweifel an seiner Fähigkeit auf, geeignete Mitarbeiter/-innen einzustellen oder Mitarbeiter/-innen in ihrer Kompetenzentwicklung angemessen zu fördern. Mitarbeiter/-innen, die aufgefordert werden, ihre Führungskraft zu beurteilen, könnten besorgt sein, sich durch Kritik selbst zu schaden. Beurteilungen von Mitarbeitern/Mitarbeiterinnen können auch durch **gleichgestellte Kollegen/Kolleginnen** erfolgen. Vorteil dieser Beurteilung ist, dass diese einen guten Einblick in das alltägliche Kooperationsverhalten und die Fachkenntnisse haben. Allerdings gibt es aufseiten der gleichgestellten Mitarbeiter/-innen häufig Vorbehalte, an der Beurteilung mitzuwirken, wenn diese Beurteilungen für administrative Zwecke genutzt werden (vgl. Lohaus und Schuler 2014). In Bezug auf Dienstleistungsqualität stellen auch Kunden/Kundinnen eine Auskunftsquelle dar. Die **Bewertung durch Kunden/Kundinnen** hat durch die Verbreitung des Internets in den letzten Jahren deutlich zugenommen. Die Beurteilung ist dabei allerdings selten auf eine/n bestimmte/n Mitarbeiter/-in zugeschnitten. Neben diesen verschiedenen externen Bewertungsquellen können Leistungsbeurteilungen auch durch den/die **betreffende/n Mitarbeiter/Mitarbeiterin selbst** vorgenommen werden. Selbstbeurteilungen gelten als besonders anfällig für Verzerrungen, die unabsichtlicher (z. B. inakkurate Selbsteinschätzung der Wirkung auf andere Personen), aber auch absichtlicher Art sein können. Nichtsdestotrotz hat der/die Mitarbeiter/-in selbst sicher den umfassendsten Einblick in die eigenen Tätigkeiten. Im Rahmen eines sog. 360°-Feedbacks werden Beurteilungen simultan aus der Perspektive unterschiedlicher Personengruppen vorgenommen (Abb. 2.1), wobei z. T. auch unterschiedliche Aspekte bewertet werden, nämlich jene, zu denen diese besonders gut Stellung beziehen können (vgl. Lohaus und Schuler 2014).

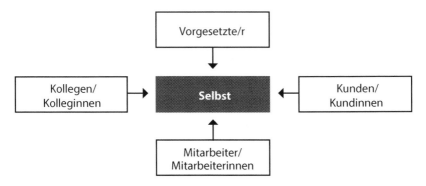

Abb. 2.1 Beurteilergruppen im 360°-Feedback

Für die spezifische Leistungsbeurteilung können unterschiedliche Verfahren genutzt werden. Dazu zählen u. a.:

- freie Eindrucksschilderung,
- normorientierte Verfahren,
- Einstufungsverfahren und
- zielorientierte Verfahren.

Insbesondere in kleinen Unternehmen dominieren **freie Eindrucksschilderungen** in mündlicher oder auch schriftlicher Form. Dieser Beurteilungsweg ist sicher sehr flexibel, birgt aber die Gefahr von Unvollständigkeit und Beurteilungsfehlern (z. B. Recency-Effekte; d. h., die Beobachtungen der letzten Tage und Woche(n) dominieren die Beurteilung). Auch erschweren freie Beurteilungen den systematischen Vergleich zwischen Mitarbeitern/Mitarbeiterinnen. Genau auf diesen Vergleich zielen **normorientierte Verfahren** ab, bei denen Rangordnungen zwischen Mitarbeitern/Mitarbeiterinnen erstellt werden. Dabei können diese entweder in eine Rangreihe mit Einzelpositionen gebracht oder durch Quotenvorgaben die stärksten und schwächsten 25 % einer Arbeitsgruppe benannt werden. Rangordnungsverfahren haben den Vorteil, dass eine Beurteilungstendenz zur Milde oder auch zur Strenge vermieden wird. Allerdings kann eine Rangreihenbildung mit vielen Personen und mit Blick auf mehrere Leistungskriterien auch schnell sehr aufwendig werden. Außerdem stufen Beurteiler und Beurteilerinnen auf Rangreihenbildung basierende Verfahren als weniger fair ein als solche, bei denen für jeden Mitarbeiter bzw. jede Mitarbeiterin eine separate Einschätzung der Leistung mittels einer Ratingskala erfolgt (z. B. Schleicher et al. 2009). Bei den **Einstufungsverfahren** werden Merkmale, Verhaltensweisen oder Ergebniskriterien vorgegeben und sind auf Basis von Zustimmungs- oder Häufigkeitsskalen zu bewerten. Idealerweise werden dabei für jede Bewertungsdimension mehrere zu beurteilende Aussagen verwandt, um die Testgüte abzusichern. Um die Beurteilung zu erleichtern und Ansatzpunkte für Personalentwicklungsmaßen abzuleiten, sind insbesondere verhaltensnahe Beurteilungsaussagen sinnvoll. Ein Verfahren, das diese Verhaltensnähe herstellt, sind die verhaltensverankerten Einstufungsskalen. Die Einstufungsskalen definieren, was in spezifischen Leistungssituationen ein unterdurchschnittliches, durchschnittliches oder überdurchschnittliches konkretes Verhalten darstellen würde. Soll z. B. die Innovationskraft eines Mitarbeiters beurteilt werden, könnte ein Verhaltensanker für eine sehr gute bis ausgezeichnete Leistung sein, dass die Person selbst kreative Vorschläge einbringt. Hingegen wäre ein Verhaltenshinweis für eine verbesserungsbedürftige Leistung ein durch den/die Mitarbeiter/-in gezeigtes Verhalten, bei dem ausschließlich herkömmliche Lösungswege beschritten werden (Schuler und Höft 2007, S. 324). Insbesondere im Managementbereich haben sich auch **zielorientierte Verfahren** zur Beurteilung der Leistung verbreitet (vgl. Lohaus und Schuler 2014). Dabei wird der Bewertungsmaßstab zu Beginn einer Messperiode festgelegt und ist den später zu beurteilenden Personen auch bekannt. Gegebenenfalls wurde dieser Maßstab in einem gemeinsamen Zielvereinbarungsgespräch definiert. Am Ende der Messperiode wird dann die Zielerreichung bewertet. Theoretischer Hintergrund dieses Beurteilungsverfahrens ist die Zielsetzungstheorie von Locke und Latham (2002), die ursprünglich vor allem als Maßnahme der Motivations- und Leistungsförderung angedacht war (vgl. ausführlicher Kap. 3). Hier ist allerdings das bereits oben geschilderte Zurechnungsproblem zu bedenken: Konkrete Leistungsergebnisse sind nämlich häufig nicht ausschließlich von dem Verhalten des Mitarbeiters und der Mitarbeiterin abhängig.

Zusammenfassung

Aus arbeits- und organisationspsychologischer Sicht ist Leistung nicht einfach ein Ergebnis (z. B. Verkaufszahlen), sondern ein Prozessgeschehen. Die psychologische Forschung stellt dabei das Verhalten der an diesem Prozess beteiligten Akteure in den Vordergrund. Weiterhin beziehen sich Arbeitsleistungen nicht nur auf die Ausführung vordefinierter spezifischer Arbeitsaufgaben, sondern beispielsweise auch auf freiwilliges Verhalten, das nicht im Arbeitsvertrag festgelegt ist. Leistungsbeurteilungen dienen im Erwerbskontext dazu, den Beitrag der Mitarbeiter und Mitarbeiterinnen zu den

Unternehmenszielen zu bestimmen. Hier können u. a. Vorgesetzte Auskünfte geben, aber auch Kollegen und Kolleginnen oder die Beschäftigten selbst. Es können unterschiedliche Verfahren genutzt werden (z. B. freie Eindrucksschilderung, Rangbildungsverfahren), bei deren Bewertung und Anwendung Beurteilungsfehler (z. B. Tendenzen zur Milde und Strenge) zu berücksichtigen sind.

Literatur

Dalal, R. S. (2005). A meta-analysis of the relationship between organizational citizenship behavior and counterproductive work behavior. *Journal of Applied Psychology, 90*, 1241–1255.

Greenberg, J. (1990). Employee theft as a reaction to underpayment inequity: The hidden cost of pay cuts. *Journal of Applied Psychology, 75*, 561–568.

LePine, J. A., Erez, A. & Johnson, D. E. (2002). The nature and dimensionality of organizational citizenship behavior: A critical review and meta-analysis. *Journal of Applied Psychology, 87*, 52–65.

Locke, E. A. & Latham, G. P. (2002). Building a practically useful theory of goal setting and task motivation: A 35-year odyssey. *American Psychologist, 57*, 705–717.

Lohaus, D. & Schuler, H. (2014). Leistungsbeurteilung. In H. Schuler & U. P. Kanning (Hrsg.), *Lehrbuch der Personalpsychologie* (3., überarb. und erw. Aufl., S. 357–411). Göttingen: Hogrefe.

Nerdinger, F. W. & Schaper, N. (2014). Formen des Arbeitsverhaltens. In F. W. Nerdinger, G. Blickle & N. Schaper (Hrsg.), *Arbeits- und Organisationspsychologie* (3. Aufl., S. 441–460). Berlin: Springer.

Organ, D. W. (1988). *Organizational citizenship behavior: The good soldier syndrome.* Lexington: Lexington Books.

Sackett, P. R. (2002). The structure of counterproductive work behaviors: Dimensionality and relationships with facets of job performance. *International Journal of Selection and Assessment, 10*, 5–11.

Schleicher, D., Bull, R. & Green, S. (2009). Rater reactions to forced distribution rating systems. *Journal of Management, 35*, 899–927.

Schuler, H. & Höft, S. (2007). Diagnose beruflicher Eignung und Leistung. In H. Schuler (Hrsg.), *Lehrbuch der Organisationspsychologie* (4., aktual. Aufl., S. 289–343). Bern: Huber.

Spector, P. E., Fox, S., Penney, L. M., Bruursema, K., Goh, A. & Kessler, S. (2006). The dimensionality of counterproductivity: Are all counterproductive behaviors created equal? *Journal of Vocational Behavior, 68*, 446–460.

Staufenbiel, T. (2012). Leistung und Leistungsbeurteilung. In U. P. Kanning & T. Staufenbiel (Hrsg.), *Organisationspsychologie* (S. 181–212). Göttingen: Hogrefe.

3.1 Arbeitszufriedenheit

Arbeitszufriedenheit ist ein stark erforschtes Thema der Arbeits- und Organisationspsychologie. Dabei werden sowohl die generelle Zufriedenheit mit der Arbeit als auch spezifischer die Zufriedenheit mit einzelnen Facetten der Erwerbstätigkeit betrachtet. Entsprechend wird Arbeitszufriedenheit im Selbstbericht mehr oder weniger differenziert erfasst. Eine besonders detaillierte Erfassung haben Smith et al. (1969) mit dem „Job Description Index" (JDI) eingeführt. Darin wird die Zufriedenheit mit verschiedenen Aspekten der Arbeit ausführlich thematisiert (u. a. Kollegen/Kolleginnen, Vorgesetzte, Tätigkeit, berufliche Weiterentwicklungsmöglichkeiten, Bezahlung, Arbeitssicherheit; vgl. Neuberger und Allerbeck 1978). Der Vorteil einer solchermaßen differenzierten Erfassung ist, dass sich aus den Ergebnissen Ansatzpunkte für spezifische Verbesserungsmaßnahmen in einem bestimmten Bereich ableiten lassen. Allerdings sind verschiedene Facetten der Arbeitszufriedenheit häufig miteinander korreliert (Neuberger und Allerbeck 1978). Dies könnte zum einen damit erklärt werden, dass sich diese Arbeitscharakteristika untereinander teilweise bedingen, aber auch damit, dass Zufriedenheitsurteile von übergreifenden Persönlichkeitsmerkmalen wie Neurotizismus und Extraversion mitbestimmt werden.

Eines der bekanntesten Arbeitszufriedenheitsmodelle ist die sog. Zwei-Faktoren-Theorie (vgl. Herzberg et al. 1959). Sie entstand auf der Basis einer qualitativen Interviewstudie mit männlichen Erwerbstätigen, die erläutern sollten, wann sie sich bei ihrer Arbeit besonders zufrieden bzw. besonders unzufrieden erlebt haben. Aus den Antworten wurden qualitativ zwei Faktorengruppen abgeleitet, die als Motivations- vs. Hygienefaktoren bezeichnet wurden. Erstgenannte sollen zur Stärkung der Zufriedenheit geeignet sein (Leistung, Anerkennung, Arbeitsinhalte),

© Springer-Verlag GmbH Deutschland, ein Teil von Springer Nature 2019
B. S. Wiese und A. M. Stertz, *Arbeits- und Organisationspsychologie,
Was ist eigentlich …?*, https://doi.org/10.1007/978-3-662-58056-1_3

während die Vernachlässigung von Hygienefaktoren (fachliche Überwachung,
Unternehmenspolitik) zur Unzufriedenheit führen sollen, deren Steigerung aber
nicht notwendigerweise zu einer Zufriedenheitszunahme beitrage. Allerdings lassen bereits die Originaldaten nicht bei allen betrachteten Facetten (z. B. Wachstum,
Sicherheit, Gehalt) eine eindeutige Zuordnung in diese zwei Gruppen zu. Weiterhin kamen Replikationsversuche nicht immer zu identischen Ergebnissen (vgl.
Nerdinger 2014). Der wesentliche Verdienst des Modells ist aber sicherlich, darauf aufmerksam gemacht zu haben, dass unterschiedlichste Merkmale der Arbeit
zufriedenheits- und motivationsrelevant sein können.

Ein vor allem im deutschsprachigen Raum bekanntes Modell zur Arbeitszufriedenheit wurde von Bruggemann (1976) publiziert. Die Basis bilden Vergleiche
zwischen wahrgenommenen Arbeitsbedingungen und den eigenen Ansprüchen.
Bei ungünstigen Ergebnissen kann Arbeitsunzufriedenheit entstehen. Diese kann
sich laut Bruggemann (1976) allerdings dahingehend unterscheiden, ob die Person
ohne Problemlöseversuche verharrt („fixierte Arbeitsunzufriedenheit") oder aber
nach einer Verbesserung ihrer Lage strebt („konstruktive Arbeitsunzufriedenheit").
Gegebenenfalls könne ein ungünstiger Soll-Ist-Vergleich auch zu einer „resignati-
ven Arbeitszufriedenheit" führen, dann nämlich, wenn die Person ihr Anspruchsniveau senke. Ansonsten entstehe Arbeitszufriedenheit vor allem dann, wenn die
Arbeitsbedingungen mit den eigenen Erwartungen übereinstimmten. Steigert eine
Person in einer solchen Situation ihr Anspruchsniveau weiter, spricht Bruggemann
(1976) von „progressiver Arbeitszufriedenheit". Verbleibt die Person auf ihrem
bisherigen Anspruchsniveau, läge eine stabilisierte Arbeitszufriedenheit vor. Eine
Modellzusammenfassung findet sich in Abb. 3.1. In Bruggemanns Modell kann
Arbeitsunzufriedenheit also unter Umständen entwicklungsförderlich sein, wäh-
rend Arbeitszufriedenheit ggf. Stagnation begünstigen kann. Die Stärke dieser
Modellvorstellung liegt in der systematischen Betrachtung der psychologischen
Mechanismen, die zu Zufriedenheit und Unzufriedenheit führen (individuelle Soll-
Ist-Vergleiche, Anspruchssenkung, -aufrechterhaltung, -steigerung).

Arbeitszufriedenheit und Leistung

Der Zusammenhang zwischen Arbeitszufriedenheit und Leistung wurde in der
Arbeits- und Organisationspsychologie bereits häufiger untersucht. Zumeist
basieren die Studien jedoch auf querschnittlichen Designs. Dies gilt auch für
den größten Teil der Studien, die einer Metaanalyse von Judge et al. (2001)
zugrunde liegen. Dort wurde der vermutete positive Zusammenhang zwischen
Arbeitszufriedenheit und Leistung bestätigt. Die überwiegend querschnittlichen Designs lassen jedoch keine Aussagen zur Kausalrichtung zu, also zu

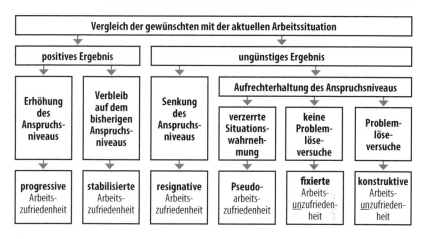

Abb. 3.1 Prozess des Entstehens verschiedener Formen der Arbeitszufriedenheit nach Bruggemann (1976)

der Frage, ob Arbeitszufriedenheit Leistung vorhersagt oder Leistung zu einer höheren Arbeitszufriedenheit führt. Beide Wirkrichtungen sind plausibel: Ein gutes Leistungsergebnis kann z. B. mit Stolz und Zufriedenheit einhergehen. So war in der Interviewstudie, die der oben dargestellten Zwei-Faktoren-Theorie (Herzberg et al. 1959) zugrunde liegt, aus Sicht der Befragten Leistung tatsächlich der Faktor, der am stärksten kennzeichnend war für Situationen, in denen sie mit ihrer Arbeit hoch zufrieden waren. Die erlebte Zufriedenheit mit der Arbeit kann zugleich dazu motivieren, sich weiterhin stark in die Arbeit einzubringen und so gute Leistungsergebnisse zu erzielen. Eine vom Stichprobenumfang her kleinere Metaanalyse als die von Judge et al. (2001) stammt von Riketta (2008). Seine Metaanalyse weist den Vorteil auf, dass ausschließlich Studien mit längsschnittlichen Untersuchungsdesigns einbezogen wurden. Riketta (2008) kontrollierte in seinen Analysen statistisch für das Ausgangsniveau von Leistung und Zufriedenheit und konnte kleine Zuwächse in der Leistung in Abhängigkeit von der Zufriedenheit feststellen. Dieser Zusammenhang war jedoch nur in Studien mit kürzeren Zeitabständen zwischen den Messzeitpunkten zu finden. Eine positive Beeinflussung der Zufriedenheit durch die Leistung konnte in dieser Metaanalyse nicht bestätigt werden.

3.2   Motive und Motivation

Während Motive überdauernde, generelle Handlungsbereitschaften darstellen, bezeichnet man mit Motivation einen Zustand der aktuellen Ausrichtung von Aufmerksamkeit, Denken und Handeln auf ein Ziel. Klassischerweise werden nach McClelland (1961) drei Basismotive unterschieden, die bei jedem Menschen vorhanden sind, in deren Ausprägung sich Personen aber unterscheiden:

* Leistung,
* Macht und
* Anschluss.

Diese Motive lassen sich auf das Erwerbsleben beziehen. Personen mit einem stark ausgeprägten Leistungsmotiv streben danach, ihre eigenen Fähigkeiten weiterzuentwickeln und erfolgreich zu sein. Personen mit hohem Machtmotiv haben das Bedürfnis, andere zu beeinflussen, was Führungspositionen für sie erstrebenswert machen sollte. Hoch anschlussmotivierte Personen legen viel Wert auf freundschaftliche und enge soziale Kontakte. Für sie sollte eine Arbeitstätigkeit im Team und Kollegialität besonders attraktiv sein.

Zur Motivmessung können einerseits Selbstberichtsfragebogen eingesetzt werden, aber auch stärker projektive Verfahren. Ein Beispiel für ein semiprojektives Verfahren ist das „Multi-Motiv-Gitter" (Schmalt et al. 2000). Dabei werden Personen Bilder von Interaktionssituationen und Aussagen, die die jeweilige Situation beschreiben könnten, vorgelegt. Die dargestellten Interaktionssituationen sind potenziell mehrdeutig. Die Aufgabe der Person ist es, anzugeben, ob die hierzu vorgegebenen Aussagen ihrer Meinung nach auf die dargestellte Situation zutreffen. Aus diesen Angaben wird auf die Ausprägung der jeweiligen Motive geschlossen.

Eine konkretere Analyseeinheit als Motive stellen Ziele dar. Im Arbeitsleben können diese sowohl aus zugewiesenen Aufgaben resultieren als auch selbstgesetzt sein. Locke und Latham (2002) haben mit ihrer Zielsetzungstheorie, die sich ursprünglich auf zugewiesene Ziele bezog, die bekannteste arbeits- und organisationspsychologische Zieltheorie formuliert. Zentrale Annahme ist, dass Personen insbesondere dann hohe Leistungsergebnisse erreichen, wenn die Ziele, die ihnen zugewiesen werden, herausfordernd und spezifisch formuliert sind. Feldexperimentelle Studien im Kontext relativ einfacher Arbeitsaufgaben (z. B. Anzahl gesäuberter Fische) konnten die Überlegenheit solcher Zielsetzungen wiederholt bestätigen. Sie führten zu besseren Ergebnissen als die einfache Anweisung, sein Bestes zu geben (vgl. Locke und Latham 2002). In einer späteren Studie wurde gezeigt, dass bei hoch komplexen Aufgaben eine Lernzielvorgabe zu noch besseren Leistungen führt, als lediglich eine ergebnisorientierte Zielvorgabe (Seijts et al. 2004). Konkret wurden die Personen in einer Computer-Business-Simulation einer von drei Bedingungen zugewiesen und ihre Leistung daran gemessen, welchen Marktanteil sie nach der Bearbeitung erzielt hatten:

1. herausforderndes und spezifisches Leistungsziel („Erzielen Sie einen Marktanteil von 21 %. Frühere Studien haben gezeigt, dass das schwierig, aber machbar ist. …"),
2. „Tu-dein-Bestes"-Ziel („Der erzielte Marktanteil sollte so hoch wie möglich sein. Tun Sie Ihr Bestes. …"),
3. Lernziel („Es ist sinnvoll, wenn Sie nach Strategien suchen, die dabei helfen. Bitte finden Sie sechs Strategien. Frühere Studien haben gezeigt, dass das schwierig, aber machbar ist. …").

Die Unterscheidung zwischen Leistungs- und Lernziel stammt ursprünglich aus der Pädagogischen Psychologie (vgl. Dweck 1986). Dort entstand auch eine weitere wichtige Unterscheidung, nämlich die zwischen Annäherungsleistungszielen und Vermeidungsleistungszielen. Letztgenannte gehen mit dem Wunsch einher, Situationen, in denen die Gefahr besteht, dass man schlechtere Leistungen zeigt als andere, zu vermeiden. Solche Vermeidungsleistungsziele gelten als problematisch, auch bezogen auf das Berufsleben. Eine derartige Orientierung erwies sich beispielsweise als kritisch, wenn es um die Anpassung an neue Situationen im Arbeitsleben geht. So bestätigten Heidemeier und Wiese (2014), dass sich die Anpassung an neue Arbeitsaufgaben und -umwelten sowie die soziale Integration von Frauen, die nach einer familienbedingten beruflichen Auszeit wieder in das Erwerbsleben zurückkehrten, durch eine Vermeidungsorientierung verzögerte.

Eine wichtige Unterscheidung in der Motivationspsychologie ist die zwischen intrinsischer und extrinsischer Motivation. Intrinsische Motivation beschreibt, dass eine Handlung um ihrer selbst willen ausgeführt wird; im Arbeitskontext sprechen wir auch von „Tätigkeitsfreude". Bei der extrinsischen Motivation wird die Handlung hingegen ausgeführt, um bestimmte Konsequenzen zu erreichen (z. B. Anerkennung, Geld). Wie bereits oben geschildert, gehört zu einem der zentralen Verdienste der Zwei-Faktoren-Theorie (Herzberg et al. 1959), herausgearbeitet zu haben, dass das Arbeitsleben nicht allein durch extrinsische Anreize bestimmt wird. Intrinsische Arbeitsmotivation entsteht einer Modellvorstellung von Hackman und Oldham (1975) folgend vor dem Hintergrund von Arbeitskontexten, die bestimmte Merkmale aufweisen. Konkret postulieren sie Anforderungsvielfalt, Ganzheitlichkeit, Aufgabenbedeutung, Autonomie und

Rückmeldung als besonders relevant. Was hier zunächst außer Acht gelassen wird, ist das Ausmaß, in dem das Vorhandensein dieser Merkmale von Arbeit auf entsprechende überdauernde Motive der Person trifft. Es könnte sein, dass sich Personen darin unterscheiden, wie stark sie z. B. nach Autonomie und Abwechslung im Arbeitsleben streben. Man könnte also argumentieren, dass das Ausmaß intrinsischer Motivation auch von der jeweils aktuell zutreffenden Übereinstimmung abhängt zwischen dem, was die Person anstrebt und (motiv-, aber auch fähigkeitsbedingt) bevorzugt, auf der einen Seite und dem, was in der Erwerbarbeit im Alltag gefordert bzw. geboten wird, auf der anderen Seite. Damit ist eine spezifische Form des „Person-Environment-Fits" angesprochen. In einer solchen Sichtweise entsteht intrinsische Motivation, wenn Arbeitsanforderungen zu den überdauernden Motiven und Zielen einer Person passen. Kurzfristige Abweichungen von Arbeitsanforderungen und Motivlage sind im Erwerbsalltag durchaus öfter zu erwarten. Um mit ihnen umgehen zu können, benötigen Beschäftigte Willenskraft, in der motivationspsychologischen Persönlichkeitsforschung spricht man auch von volitionalen Strategien und Kompetenzen (Kuhl 1996). Der Einsatz volitionaler Strategien (z. B. Impulsunterdrückung, Aufmerksamkeitskontrolle, Emotionskontrolle) kostet jedoch Kraft (vgl. Baumeister et al. 1998; Kehr 2004). Eine Arbeitssituation, die dauerhaft in Widerspruch zu den eigenen spezifischen Bedürfnisse und Motiven steht, lässt also nicht nur wenige Momente der intrinsischen Motivation erwarten, sondern auch überdauernde Erschöpfungszustände, denen zwar durch Erholungsprozesse entgegengewirkt werden kann (Kap. 4), die aber nichtsdestotrotz den Vorstellungen einer wohlbefindens- und leistungsförderlichen Arbeitssituation entgegenstehen.

Zusammenfassung

Arbeitszufriedenheit und Arbeitsmotivation sind seit vielen Jahren wichtige Themengebiete der Arbeits- und Organisationspsychologie. Dabei werden einerseits die zufriedenheits- und motivationsstärkende Wirkung von Arbeitsinhalten sowie -strukturen (z. B. Anforderungsvielfalt, Autonomie, Anerkennung) betrachtet, andererseits aber auch psychologische Mechanismen und Prozesse. Zu den letztgenannten zählen beispielsweise Vergleiche von Ist- und Soll-Zustand, Veränderungen des Anspruchsniveaus und Problemlöseversuche. Motivationspsychologisch sind überdauernde Motive und Bedürfnisse einer Person von der jeweiligen aktuellen Motivation der Beschäftigten in einer konkreten Arbeitssituation zu unterscheiden. Allerdings wirken diese beiden Motivationsebenen auch zusammen: So ist intrinsische Motivation dann zu erwarten, wenn die Anforderungen und Möglichkeiten der aktuellen Arbeitssituation mit den überdauernden Motiven und Bedürfnissen der Person in Übereinstimmung stehen.

Literatur

Baumeister, R. F., Bratslavsky, E., Muraven, M. & Tice, D. M. (1998). Ego-depletion: Is the active self a limited resource? *Journal of Personality and Social Psychology, 74,* 1252–1265.

Bruggemann, A. (1976). Zur empirischen Untersuchung verschiedener Formen der Arbeitszufriedenheit. *Zeitschrift für Arbeitswissenschaft, 30,* 71–74.

Dweck, C. S. (1986). Motivational processes effecting learning. *American Psychologist, 41,* 1040–1048.

Hackman, J. R. & Oldham, G. R. (1975). Development of the job diagnostic survey. *Journal of Applied Psychology, 60,* 159–170.

Heidemeier, H. & Wiese, B. S. (2014). Achievement goals and autonomy: How person-context interactions predict effective functioning and well-being during a career transition. *Journal of Occupational Health Psychology, 19,* 18–31.

Herzberg, F., Mausner, B. & Snyderman, B. B. (1959). *The motivation to work* (2. Aufl.). New York: Wiley.

Judge, T. A., Thoresen, C. J., Bono, J. E. & Pattern, G. K. (2001). The job satisfaction-job performance relationship: A qualitative and quantitative review. *Psychological Bulletin, 127,* 376–407.

Kehr, H. M. (2004). *Motivation und Volition.* Göttingen: Hogrefe.

Kuhl, J. (1996). Wille und Freiheitserleben: Formen der Selbststeuerung. In J. Kuhl & H. Heckhausen (Hrsg.), *Enzyklopädie der Psychologie, Serie Motivation und Emotion* (Bd. 4, S. 665–765), Motivation, Volition und Handlung Göttingen: Hogrefe.

Locke, E. A. & Latham, G. P. (2002). Building a practically useful theory of goal setting and task motivation: A 35-year odyssey. *American Psychologist, 57,* 705–717.

McClelland, D. C. (1961). *The achieving society.* New York: Free Press.

Nerdinger, F. W. (2014). Arbeitsmotivation und Arbeitszufriedenheit. In F. W. Nerdinger, G. Blickle & N. Schaper (Hrsg.), *Arbeits- und Organisationspsychologie* (3. Aufl., S. 419–440). Berlin: Springer.

Neuberger, O. & Allerbeck, M. (1978). *Messung und Analyse von Arbeitszufriedenheit: Erfahrungen mit dem Arbeitsbeschreibungsbogen (ABB).* Bern: Huber.

Riketta, M. (2008). The causal relation between job attitudes and performance: A meta-analysis of panel studies. *Journal of Applied Psychology, 93,* 472–481.

Schmalt, H.-D., Sokolowski, K. & Langens, T. A. (2000). *Das Multi-Motiv-Gitter für Anschluss, Leistung und Macht (MMG).* Frankfurt a. M.: Swets & Zeitlinger.

Seijts, G. H., Latham, G. P., Tasa, K. & Latham, B. W. (2004). Goal setting and goal orientation: An integration of two different yet related literatures. *Academy of Management Journal, 47,* 227–239.

Smith, P. C., Kendall, L. M. & Hulin, C. L. (1969). *The measurement of satisfaction in work and retirement.* Chicago: Rand McNally.

Belastung und Beanspruchung im Arbeitsleben

4

Keine einführende Darstellung der Arbeits- und Organisationspsychologie kommt ohne das Thema Belastung und Beanspruchung aus, in der Alltagssprache häufig unter dem Begriff „Stress" zusammengefasst. In der Forschung werden die Begriffe Belastung und Beanspruchung konzeptuell getrennt. Während Belastungen alle möglichen Arten von Einflüssen im Arbeitskontext umfassen (z. B. Hitze, Lärm, hohes Arbeitsaufkommen, Konflikte mit Mitarbeitern/ Mitarbeiterinnen; vgl. Ulich und Wülser 2017), geht es bei der psychischen Beanspruchung um die Auswirkungen dieser Einflüsse auf den Einzelnen. Diese Auswirkungen können dabei von Person zu Person unterschiedlich sein und hängen situativ zusätzlich von den aktuell verfügbaren Bewältigungsmöglichkeiten der Person ab. Bei den Beanspruchungsfolgen ist zwischen den unmittelbaren bzw. kurzfristigen Effekten (z. B. erhöhte Cortisolausschüttung, Ermüdung) und den möglichen langfristigen gesundheitlichen sowie karrierebezogenen Konsequenzen (z. B. Herz-Kreislauf-Erkrankungen, Frühverrentung) zu unterscheiden. Während die kurzfristigen Auswirkungen eine natürliche Reaktion auf Belastungen darstellen, kommt es zu den langfristigen negativen Folgen vor allem dann, wenn eine Überbeanspruchung dauerhafter Art ist.

4.1 Modellvorstellungen zum Stresserleben

4.1.1 Transaktionales Stressmodell

Eine erste stresstheoretische Vorstellung, welche interindividuelle Unterschiede im Stressmanagement erklärt, ist das transaktionale Stressmodell (Lazarus und Folkman 1984). Dieses wurde zwar nicht im arbeits- und organisationspsychologischen Kontext entwickelt, ist aber sehr gut darauf anwendbar. Das Modell

© Springer-Verlag GmbH Deutschland, ein Teil von Springer Nature 2019
B. S. Wiese und A. M. Stertz, *Arbeits- und Organisationspsychologie,*
Was ist eigentlich …?, https://doi.org/10.1007/978-3-662-58056-1_4

postuliert einen mehrstufigen Bewertungs- und Handlungsprozess. Zunächst bewertet die Person eine Situation als entweder irrelevant für ihr Wohlbefinden, als im positiven Sinne herausfordernd oder aber als bedrohlich (sog. „primary appraisal"). Solch eine Situation könnte im Arbeitskontext z. B. die Zuweisung einer neuen Arbeitsaufgabe sein. Im nächsten Schritt prüft die Person, ob ihr die Situation aufgrund vorhandener Ressourcen (z. B. Fähigkeit, Unterstützungsmöglichkeiten durch andere) zu bewältigen erscheint (sog. „secondary appraisal"). Hier könnte sich ein Mitarbeiter beispielsweise an eine vergangene, erfolgreiche Aufgabenbewältigung erinnern und so zuversichtlich auf die vor ihm liegende Aufgabenbearbeitung blicken. Für das konkrete Bewältigungsverhalten („coping") wählt die Person spezifische Strategien aus. In der Literatur wird dabei u. a. zwischen instrumentellem bzw. problembezogenem Coping und emotionsbezogenem Coping unterschieden. Das instrumentelle Bewältigungsverhalten zielt auf eine Veränderung der Situation ab (z. B. Erlernen der notwendigen Fähigkeiten für die Arbeitsaufgabe). Beim emotionsbezogenen Coping steht hingegen eine Regulierung der beanspruchsbedingten Emotionen im Vordergrund (z. B. Ablenkung, Einnahme von Beruhigungsmitteln). Grundsätzlich sind zwar problemfokussierte Strategien per Definition zur Problemlösung geeignet, jedoch können in stark emotional belastenden Situationen auch bestimmte emotionsfokussierte Strategien einen eigenen Wert haben, um z. B. einen unangemessenen Emotionsausdruck gegenüber Kunden/Kundinnen oder Mitarbeitern/Mitarbeiterinnen zu vermeiden.

Im transaktionalen Stressmodell erfolgt nach Einsatz der Bewältigungsstrategien eine erneute Bewertung der Anforderungssituation (sog. „reappraisal"). Diese Situation wird nun ggf. anders bewertet oder aber es erfolgt bei immer noch andauerndem Bedrohungserleben eine Anpassung des Bewältigungsverhaltens.

Praxisimplikationen dieser Modellvorstellung stellen die Beschäftigten selbst in den Vordergrund. Dabei geht es um die Optimierung individueller Bewertungsprozesse (z. B. eine Fokussierung auf die eigenen Bewältigungsmöglichkeiten) und den Aufbau von günstigen Bewältigungsstrategien.

4.1.2 Job-Demands-Control-Modell und Job-Demands-Resources-Modell

Das Job-Demands-Control-Modell von Karasek und Theorell (1990) legt den Fokus der Stressentstehung auf die Arbeitsbedingungen. Zum Erleben von Stress kommt es demnach, wenn die Anforderungen hoch sind und diese infolge geringer Handlungskontrolle kaum bewältigt werden können. Hohe Anforderungen sind aber nicht generell stressauslösend. Liegen nämlich angemessene Handlungsspielräume vor, können sie sogar als positiv aktivierend erlebt werden.

Das ursprüngliche Modell von Karasek und Theorell (1990) wurde später um weitere Faktoren ergänzt, die neben der Handlungskontrolle als Ressourcen wirken können (z. B. soziale Unterstützung; vgl. Job-Demands-Resources-Modell, Bakker und Demerouti 2007). Diese Weiterentwicklung der Modellvorstellung ist in Abb. 4.1 visualisiert.

Für die Praxis stellen hier – anders als im transaktionalen Stressmodell (s. oben) – die Arbeitsbedingungen und weniger die Person selbst den Ansatzpunkt für die Stressprävention dar. Allerdings haben Xanthopoulou et al. (2007) in einer erneuten Überarbeitung dieser Modellvorstellung zusätzlich in der Person liegende Faktoren als wichtige Ressourcen aufgenommen (z. B. die individuelle Überzeugung, erfolgreich mit Herausforderungen umgehen zu können).

4.1.3 Das „Vitamin"-Modell

Ein weiteres Modell, das sich vorwiegend mit den Arbeitsbedingungen und ihrer Relevanz für das psychische Wohlbefinden befasst, also einem Teilbereich psychischer Gesundheit, stammt von Warr (2007, 2013). Sein „Vitamin"-Modell

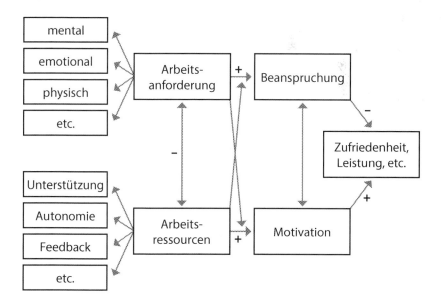

Abb. 4.1 Zusammenspiel von Anforderungen und Ressourcen im Job-Demands-Resources-Modell. (Nach Bakker und Demerouti 2007, S. 313, mit freundlicher Genehmigung von Emerald Publishing Limited)

postuliert, dass in der Literatur bisher als vorwiegend positiv bewertete Kontext-faktoren, wie beispielsweise Anforderungsvielfalt und Handlungsspielräume, bei außerordentlich hoher Ausprägung mitunter negative Auswirkungen haben können. Dabei stellt das Modell eine Analogie zur Wirkung bestimmter Vitamine her, die ebenfalls bei Überdosierung schädliche Folgen haben können. Die Negativwirkung von „Dosiserhöhung" betrifft im Arbeitskontext aber nicht alle Bedingungsfaktoren. So wird z. B. angenommen, dass ein unterstützendes Vorgesetztenverhalten stets positive Effekte auf das Wohlbefinden hat, wenn auch bei sehr hoher Ausprägung der Unterstützung kein weiterer Wohlbefindenszuwachs zu erwarten ist.

Bisherige empirische Evaluationen unterstützen das Modell nicht durchgängig (vgl. zusammenfassend Warr 2007; Mäkikangas et al. 2007). Dennoch ist es ein Verdienst des Modells, daran zu erinnern, dass es lohnt, nicht nur einfach lineare Zusammenhänge zwischen Arbeitsbedingungen und Stresserleben bzw. Wohl-befinden zu analysieren. So gibt es tatsächlich Hinweise darauf, dass Beschäftigte sich durch wachsende Autonomie zu stark beansprucht fühlen (z. B. de Jonge und Schaufeli 1998). Dies darf nicht missverstanden werden als Aufforderung, Beschäftigten kein hohes Ausmaß an Autonomie einzuräumen. Möglicherweise ist es aber erforderlich, Kompetenzen im Umgang mit Autonomie auszubauen, etwa im Rahmen der Personalentwicklung (Kap. 5).

4.2   Erholungsprozesse

Über Erholungsprozesse kann es im Alltag immer wieder gelingen, verbrauchte Kräfte wiederherzustellen. Arbeitspausen dienen der kurzfristigen Erholung wäh-rend des Arbeitstages. Außerhalb der Arbeit findet Erholung am Feierabend sowie durch den (Nacht-)Schlaf, am Wochenende oder im Urlaub statt.

Über vorgegebene Pausenzeiten oder spontan eingelegte Pausen entstehen im Laufe des Arbeitstages Erholungsgelegenheiten. Gibt die Organisation festgelegte Pausenzeiten vor, wird dies aber ggf. als negativ bewerteter Eingriff in die Auto-nomie oder als unnötige Unterbrechung des Arbeitsflusses erlebt. Die Alternative stellen spontane Pausen dar, die entweder selbstgewählt sein können oder auch durch andere (z. B. Kollegen/Kolleginnen) am Arbeitsplatz mitinitiiert werden. Im letztgenannten Fall könnte der Pausenstart ggf. wiederum mit dem Risiko ver-bunden sein, als Unterbrechung erlebt zu werden. Für das Erholungsmanagement bei selbstgewählten Pausen ist es wichtig, diese nicht zu spät einzulegen oder auf benötigte kurze Erholungsmomente an längeren Arbeitstagen ganz zu ver-zichten. Insgesamt hat die arbeitswissenschaftliche Pausenforschung gezeigt, dass der stärkste Erholungseffekt zu Beginn einer Arbeitspause eintritt und dass es entsprechend zur Fehlervermeidung und Produktivitätssteigerung besonders günstig ist, in den Arbeitstag mehrere Kurzpausen einzuflechten (vgl. Ulich und Wülser 2017). Wie diese Pause am besten auszugestalten ist, hängt von der spezifischen Beanspruchungssituation ab. So sind Bewegungspausen insbesondere dann angeraten, wenn die Arbeitstätigkeit selbst sitzend vollzogen wird und in erster Linie kognitiver Art ist. Dass während des Erholungsprozesses möglichst auf andere Funktionssysteme rekurriert werden soll als in der arbeitsbezogenen Beanspruchungsphase, entspricht einer zentralen Annahme des „Effort-Recovery"-Modells von Meijman und Mulders (1998).

In Normalarbeitsverhältnissen finden sich wiederkehrende Alltagserholungsgelegenheiten am Feierabend und am Wochenende. Allerdings fällt es insbesondere stark durch die Arbeit beanspruchten Personen, also jenen mit besonders hohem Erholungsbedarf, häufig besonders schwer, von der Arbeit abzuschalten und nicht noch am Abend oder Wochenende weiterzuarbeiten (Cropley und Millward Purvis 2003; van Hooff et al. 2007). Zweifellos kommt dem Abschalten von der Arbeit eine besondere Bedeutung für Erholungsprozesse zu. Allerdings hat sich in der Forschung ebenfalls gezeigt, dass eine positive Reflexion über die eigene Arbeit, etwa über das, was man an der Arbeit mag, Erschöpfung entgegenwirkt (z. B. Fritz und Sonnentag 2005). Eine fehlende gedankliche Distanzierung scheint insbesondere dann problematisch zu sein, wenn sie sich in Form einer ungewollten Rumination über nicht gelöste Arbeitsprobleme und -aufgaben ausdrückt.

Von Urlaubsaufenthalten weiß man, dass diese in der Regel einen unmittelbar positiven Erholungseffekt haben, also Erschöpfungzustände abzubauen vermögen (z. B. Fritz und Sonnentag 2006; Westman und Eden 1997). Bemerkenswert ist allerdings, dass die sich durchaus schnell einstellende Erholung nicht lange anhält. So stellten Westman und Eden (1997) sowie Fritz und Sonnentag (2006) bereits 2 bis 3 Wochen nach Rückkehr an den Arbeitsplatz bei den Befragten fest, dass das Erschöpfungserleben wieder dem vor Urlaubsantritt entsprach. Dem Erholungsprozess abträglich ist es, wie auch schon aus der Forschung zur Erholung am Feierabend und Wochenende bekannt (s. oben), wenn sich negative Gedanken über das Arbeitsleben aufdrängen (Fritz und Sonnentag 2006). Angesichts der positiven Effekte, die auch schon kürzere Urlaube entfalten, sollten Personen, die es sich leisten können, sich Urlaube gönnen. Doch angesichts des schnellen Abebbens der Urlaubseffekte, sollte keinesfalls alle Erholung auf Urlaube verschoben werden.

4.3 Beanspruchungserleben an der Schnittstelle von Berufs- und Privatleben

Mit der oben vorgenommenen Betrachtung von Erholungsprozessen außerhalb der Arbeitsstätte ist bereits ein erster Bereich des Zusammenwirkens arbeitsbezogenen Erlebens und Verhaltens auf der einen Seite und dem Geschehen im außerberuflichen Bereich auf der anderen Seite angesprochen. Dieses Zusammenwirken ist auch Gegenstand der folgenden arbeits- und organisationspsychologischen Themen der Stressforschung, nämlich der Betrachtung des Konflikterlebens zwischen Erwerbs- und Familienleben und der Beanspruchung, die durch die zur und von der Arbeit zu bewältigenden Pendelsituationen entsteht.

4.3.1 Konflikterleben zwischen Erwerbstätigkeit und Familie

Anforderungen aus verschiedenen Lebensbereichen können im Alltag konfligieren. Insbesondere das Konflikterleben zwischen Arbeits- und Privatleben hat in der Forschung in den letzten Jahrzehnten besondere Aufmerksamkeit erfahren.

In ihrem häufig zitierten Modell zum Konflikterleben zwischen Berufs- und Familienleben benennen Greenhaus und Beutell (1985) bereichsspezifische Zeiterfordernisse, bereichsspezifische Beanspruchung und bereichsspezifische Verhaltensstandards bzw. -anforderungen als drei zentrale Ursachenbereiche. Selbstberichtsfragebogeninstrumente zur Erfassung dieser an den Ursachen definierten Konfliktformen umfassen Aussagen wie z. B. *„Meine Arbeit hält mich stärker von meinen Aktivitäten in der Familie ab, als ich das möchte."* für den zeitbasierten Konflikt, *„Wenn ich von der Arbeit nach Hause komme, bin ich oft zu kaputt, um an familiären Aktivitäten teilzunehmen."* für den beanspruchungsbasierten Konflikt und *„Verhaltensweisen, die für mich auf der Arbeit nützlich sind, sind zu Hause kontraproduktiv."* für den verhaltensbasierten Konflikt (nach Carlson et al. 2000; aus Staar und Bamberg 2012, S. 160). Überdies nehmen Greenhaus und Beutell (1985) an, dass das Konflikterleben steigt, je zentraler die Arbeits- und Familienrollen für die Selbstdefinition einer Person sind und je stärker das soziale Umfeld es sanktioniert, wenn Rollenansprüchen nicht genügt wird. Eine weitere wichtige Ergänzung konzeptueller Überlegungen stellt die explizite Berücksichtigung der Beeinflussungsrichtung zwischen Arbeit und Familie dar (z. B. Gutek et al. 1991): Stören oder belasten berufliche Anforderungen das Familienleben, liegt ein Arbeit-Familie-Konflikt vor. Als Familie-Arbeit-Konflikt wird eine Konstellation bezeichnet, bei der umgekehrt die familiären Anforderungen die Erwerbstätigkeit negativ belasten. Hier wurden schon früh Unterschiede zwischen Männern und Frauen vermutet. So hat Pleck (1977) asymmetrisch durchlässige Grenzen zwischen Berufs- und Familienleben für Frauen und Männer postuliert. Konkret vermutetete er, dass Frauen es stärker als Männer tolerieren würden, dass private Anliegen in den Arbeitsbereich eindringen und diesen ggf. stören. Männer hingegen würden es eher als Frauen zulassen, sich auch in einer Zeit, die eigentlich für die Familie vorhergesehen ist, mit beruflichen Belangen zu beschäftigen. Die diesbezügliche empirische Befundlage ist jedoch gemischt (z. B. Eagle et al. 1997; Voydanoff 1988).

Es überrascht nicht, dass negative Zusammenhänge von Konflikterleben zwischen der beruflichen und familiären Rolle auf der einen Seite und verschiedenen Indikatoren des Wohlbefindens (z. B. allgemeine Lebenszufriedenheit, Arbeitszufriedenheit, emotionale Erschöpfung) auf der anderen Seite zu finden sind (vgl. die Metaanalyse von Amstad et al. 2011). Allerdings sind die meisten vorliegenden Studien nach wie vor querschnittlicher Art. Dies ist eine Einschränkung, da die Zusammenhänge auch bidirektional sein könnten oder Teil einer sich negativ verstärkenden Wirkkette. So ist anzunehmen, dass insbesondere eine hohe bereichsspezifische Beanspruchung Erschöpfung vorhersagt, zugleich aber eine hohe Erschöpfung die eigene Handlungsfähigkeit einschränkt, was wiederum dazu prädestiniert, sich durch multiple Rollenanforderungen leichter überfordert zu fühlen. Für eine solche wechselseitige, sich verstärkende Beziehung zwischen Konflikterleben und Erschöpfungszuständen spricht beispielsweise eine Studie von Demerouti et al. (2004), die zu den wenigen diesbezüglichen Längsschnittstudien gehört (3 Messzeitpunkte im jeweils 6-wöchigen Abstand).

Die ausschließliche Betrachtung von Konflikten wird dem Alltagserleben des Zusammenspiels zwischen Beruf und Familie allerdings nicht gerecht. Die Idee einer möglicherweise auch subjektiv erlebten Bereicherung durch das Innehaben multipler Rollen wurde in der Soziologie bereits in den 1970er Jahren ausführlicher diskutiert (z. B. Sieber 1974) und wird mittlerweile auch in der Psychologie anerkannt. Dies geschah zunächst stärker in der sozialpsychologischen bzw. persönlichkeitspsychologischen Selbstkonzeptforschung (z. B. Linville 1987), seit einigen Jahren aber auch spezifischer in arbeits- und organisationspsychologischen Publikationen (vgl. Greenhaus und Powell 2006). Die aktuelle arbeits- und organisationspsychologische Forschung beschäftigt sich hier u. a. mit der Systematisierung positiver Mechanismen. Hier schlagen Wiese et al. (2010) z. B. vor, neben kompensatorischen Effekten, unmittelbar alltagsbezogen den Transfer positiver Gestimmtheit und mittel- bis langfristig den Transfer von Kompetenzen zu betrachten. Im Mittel weisen Facetten des positiven Spillovers (alternativ auch Enrichment oder Enhancement genannt) entweder keine oder nur schwach negative Zusammenhänge mit dem Konflikterleben auf (vgl. Greenhaus und Powell 2006). Dies spricht dafür, dass es sich um mehr als die entgegengesetzten Pole eines einheitlichen Konstrukts handelt: Eine Person kann also Konflikte zwischen Berufs- und Privatleben berichten, sich aber zeitgleich durch ihre verschiedenen Rollen bereichert fühlen.

4.3.2   Beanspruchung durch den Arbeitsweg

Das Pendeln, also die Distanzüberwindung zwischen Wohn- und Arbeitsstätte, stellt eine alltägliches Ereignis im Erwerbsleben dar. Dabei ist bekannt, dass Pendeln eine potenziell stressreiche Erfahrung darstellt (z. B. Novaco, Stokols & Milanesi 1990). In der Literatur wird dabei zwischen Personen differenziert, die den Pendelweg täglich auf sich nehmen, und solchen, die dies nur an einzelnen Tagen oder einmal wöchentlich tun (z. B. bestimmte Teilzeitbeschäftigte oder Wochenpendler/-innen). Weiterhin werden Pendler/-innen mit kürzerem Arbeitsweg, der sich ggf. zu Fuß oder per Fahrrad gut bewältigen lässt, von jenen mit längerem Arbeitsweg unterschieden. Bei einem einfachen Arbeitsweg von mindestens 1 h spricht man vom sog. Fernpendeln. Tatsächlich betreffen mehr oder weniger lange Arbeitswege viele Arbeitnehmer/-innen, da sich bei den wenigsten Wohn- und Arbeitsstätte im gleichen Gebäude oder der unmittelbaren Nachbarschaft befinden.

Was Pendeln zum Stressfaktor macht, wurde bereits wiederholt untersucht. Auch wenn sich ein nicht geringer Teil von Beschäftigten eine gewisse Wegzeit durchaus wünscht, beispielsweise, um mit dem Arbeitstag abzuschließen (vgl. Redmond und Mokhtarian 2001), fällt der gewünschte Entspannungseffekt gering aus oder stellt sich nicht ein, wenn die Pendelrahmenbedingungen selbst stressauslösend wirken. Mit Blick auf öffentliche Verkehrsmittel ist bekannt, dass von Pendler/-innen vor allem lange Wartezeiten, Unzuverlässigkeit und unmittelbare Umgebungsfaktoren (z. B. hoher Geräuschpegel, Überfüllung) als negativ erlebt werden (z. B. Cantwell et al. 2009; Evans et al. 2002; Lyons und Chatterjee 2008).

Hinsichtlich der Folgen der Pendelerfahrung finden sich Befunde, die von Zusammenhängen mit der unmittelbaren Zufriedenheit mit der Pendelsituation (z. B. Olsson et al. 2013) reichen bis hin zu längerfristigen Konsequenzen für die psychische Gesundheit (z. B. Feng und Boyle 2014). Seit einiger Zeit werden auch pendelbedingte Leistungseinbußen in den Blick genommen. So untersuchten Evans et al. (2002) bei Bahnpendler/-innen, ob die Unvorhersagbarkeit des Reiseverlaufs mit erhöhtem Stresserleben (subjektiv berichtet sowie indiziert über einen Cortisolanstieg) einhergeht und die Leistungen in einer Korrekturleseaufgabe beeinträchtigt werden. Während sich das Stresserleben in der erwarteten Form erhöhte, fand sich kein Performanzeffekt. Das bedeutet jedoch nicht, dass Pendelstress nicht leistungsrelevant wäre. Pendellänge und -dauer gehen beispielsweise mit einer höheren Abwesenheitsrate einher, die sowohl ein gesundheits- als auch ein leistungsbezogenes Kriterium darstellt (z. B. Novaco et al. 1990; Van Ommeren und Gutiérrez-i-Puigarnau 2011). Aus ressourcentheoretischer Sicht lassen sich außerdem selbstkontrollschwächende Effekte vermuten. So wird etwa in der Selbstregulationsressourcentheorie angenommen, dass alle Arten von regulatorischen Aktivitäten auf einen gemeinsamen, limitierten Ressourcenpool zurückgreifen (Baumeister et al. 1998). Umgang mit Pendelstress erfordert demnach Ressourcen, die für nachfolgende Aktivitäten am Arbeitsplatz oder auch zu Hause, die ebenfalls Selbstkontrolle benötigen, nicht mehr zur Verfügung stehen. In einer Studie mit Autofahrern/-fahrerinnen fand Hennessy (2008) tatsächlich, dass ein hohes Stresserleben auf der Hinfahrt an der Arbeitsstätte mit einer nicht mehr gelingenden Selbstkontrolle von aggressiven Impulsen einherging, wenn auch nur bei den männlichen Befragten. Zhou et al. (2017) untersuchten Buspendler/-innen und betrachteten ebenfalls das Stresserleben bei der Hinfahrt. Sie stellten fest, dass eine beanspruchend erlebte Busfahrt am Morgen mit den später am Tag berichteten Selbstkontrollproblemen der Beschäftigten am Arbeitsplatz zusammenhing.

Zusammenfassung

In der Forschung werden Belastung und Beanspruchung begrifflich getrennt. Während Belastungen alle möglichen Arten von Einflüssen im Arbeitskontext umfassen (z. B. Hitze, hohes Arbeitsaufkommen), geht es bei der Beanspruchung um die Auswirkungen dieser Einflüsse auf den Einzelnen. Letztere hängen u. a. von den verfügbaren Bewältigungsmöglichkeiten der Person ab. Bei den Beanspruchungsfolgen ist zwischen den unmittelbaren bzw. kurzfristigen Effekten (z. B. Ermüdung) und den möglichen langfristigen Konsequenzen (z. B. Herz-Kreislauf-Erkrankungen, Frühverrentung) zu unterscheiden. Zu den langfristigen negativen Folgen kommt es dann, wenn eine Überbeanspruchung dauerhafter Art ist. Erholungsphasen helfen bei der Rückstellung von Beanspruchung und finden im Arbeitsalltag in Form von Pausen statt sowie am Abend, an Wochenenden und in den Ferien. Außerhalb der Arbeit existieren jedoch zugleich weitere, z. B. familiäre Anforderungen, die ggf. in Konflikt zu Rollenanforderungen stehen und so die individuelle Beanspruchung weiter steigern können.

Literatur

Amstad, F., Meier, L. L., Fasel, U., Elfering, A. & Semmer, N. (2011). A meta-analysis of work-family conflict and various outcomes with a special emphasis on cross-domain versus matching-domains relations. *Journal of Occupational Health Psychology, 16,* 151–169.

Bakker, A. B. & Demerouti, E. (2007). The job demand-resources model: State of the art. *Journal of Managerial Psychology, 22,* 309–328.

Baumeister, R. F., Bratslavsky, E., Muraven, M. & Tice, D. M. (1998). Ego-depletion: Is the active self a limited resource? *Journal of Personality and Social Psychology, 74,* 1252–1265.

Cantwell, M., Caulfield, B. & O'Mahony, M. (2009). Examining the factors that impact public transport commuting satisfaction. *Journal of Public Transportation, 12,* 1–21.

Carlson, D. S., Kacmar, K. M. & Williams, L. J. (2000). Construction and initial validation of a multidimensional measure of work-family conflict. *Journal of Vocational Behavior, 56,* 249–276.

Cropley, M. & Millward Purvis, L. (2003). Job strain and rumination about work issues during leisure time: A diary study. *European Journal of Work and Organizational Psychology, 12,* 195–207.

Demerouti, E., Bakker, A. B. & Bulters, A. J. (2004). The loss spiral of work pressure, work-home interference and exhaustion: Reciprocal relations in a three-wave study. *Journal of Vocational Behavior, 64,* 131–149.

De Jonge, J. & Schaufeli, W. B. (1998). Job characteristics and employee well-being: A test of Warr's Vitamin Model in health care workers using structural equation modelling. *Journal of Organization Behavior, 19,* 387–407.

Eagle, B. W., Miles, E. W. & Icenogle, M. L. (1997). Interrole conflicts and the permeability of work and family domains: Are there gender differences? *Journal of Vocational Behavior, 50,* 168–184.

Evans, G. W., Wener, R. E. & Philipps, D. (2002). The morning rush hour. Predictability and commuter stress. *Environment and Behavior, 34,* 521–530.

Feng, Z. & Boyle, P. (2014). Do long journeys to work have adverse effects on mental health? *Environment and Behavior, 46,* 609–625.

Fritz, C. & Sonnentag, S. (2005). Recovery, health, and job performance: Effects of weekend experiences. *Journal of Occupational Health Psychology, 10,* 187–199.

Fritz, C. & Sonnentag, S. (2006). Recovery, well-being, and performance-related outcomes: The role of workload and vacation experiences. *Journal of Applied Psychology, 91,* 936–945.

Greenhaus, J. H. & Beutell, N. J. (1985). Sources of conflict between work and family roles. *Academy of Management Review, 10,* 76–88.

Greenhaus, J. H. & Powell, G. N. (2006). When work and family are allies: A theory of work-family enrichment. *Academy of Management Review, 31,* 72–92.

Gutek, B. A., Searle, S. & Klepa, L. (1991). Rational versus gender role explanations for work-family conflict. *Journal of Applied Psychology, 76,* 560–568.

Hennessy, D. A. (2008). The impact of commuter stress on workplace aggression. *Journal of Applied Social Psychology, 38,* 2315–2335.

Karasek, R. A. & Theorell, T. (1990). *Healthy work: Stress, productivity and the reconstruction of working life.* New York: Basic Books.

Lazarus, R. S. & Folkman, S. (1984). *Stress, appraisal and coping.* New York: Springer.

Linville, P. W. (1987). Self-complexity as a cognitive buffer against stress-related illness and depression. *Journal of Personality and Social Psychology, 52,* 663–676.

Lyons, G. & Chatterjee, K. (2008). A human perspective on the daily commute: Costs, benefits and trade-offs. *Transport Reviews, 28,* 181–198.

Mäkikangas, A., Feldt, T. & Kinnunen, U. (2007). Warr's scale of job-related affective well-being: A longitudinal examination of its structure and relationships with work characteristics. *Work & Stress, 21,* 197–219.

Meijman, T. F. & Mulder, G. (1998). Psychological aspects of workload. In P. J. D. Drenth, H. Thierry & C. J. de Wolff (Hrsg.), *New handbook of work and organizational psychology* (Bd. 2: Work psychology; S. 5–33). Hove: Psychology Press.

Novaco, R. W., Stokols, D. & Milanesi, L. (1990). Objective and subjective dimensions of travel impedance as determinants of commuting stress. *American Journal of Community Psychology, 18,* 231–257.

Olsson, L. E., Gärling, T., Ettema, D., Friman, M. & Fujii, S. (2013). Happiness and satisfaction with work commute. *Social Indicators Research, 111,* 255–263.

Pleck, J. H. (1977). The work-family role system. *Social Problems, 24,* 417–427.

Redmond, L. S. & Mokhtarian, P. L. (2001). The positive utility of the commute: Modeling ideal commute time and relative desired commute amount. *Transportation, 28,* 179–205.

Sieber, S. D. (1974). Toward a theory of role accumulation. *American Sociological Review, 19,* 567–578.

Staar, H. & Bamberg, E. (2012). Work-Life-Balance. In E. Bamberg, G. Mohr & C. Busch (Hrsg.), *Arbeitspsychologie* (S. 151–166). Göttingen: Hogrefe.

Ulich, E. & Wülser, M. (2017). *Gesundheitsmanagement in Unternehmen: Arbeitspsychologische Perspektiven* (7. Aufl.). Wiesbaden: Springer Gabler.

Van Hooff, M. L. M., Geurts, S. A. E., Kompier, M. A. J. & Taris, T. W. (2007). Workdays, in-between workdays and the weekend: A diary study on effort and recovery. *International Archives of Occupational and Environmental Health, 80,* 599–613.

Van Ommeren, J. N. & Gutiérrez-i-Puigarnau, E. (2011). Are workers with a long commute less productive? An empirical analysis of absenteeism. *Regional Science and Urban Economics, 41,* 1–8.

Voydanoff, P. (1988). Work role characteristics, family structure demands, and work/family conflict. *Journal of Marriage and the Family, 50,* 749–761.

Warr, P. (2007). *Work, happiness, and unhappiness.* Mahwah, NJ: Erlbaum.

Warr, P. (2013). Jobs and job-holders: Two sources of happiness and unhappiness. In S. A. David, I. Boniwell & A. C. Ayers (Hrsg.), *The Oxford handbook of happiness* (S. 733–750). Oxford: Oxford University Press.

Westman, M. & Eden, D. (1997). Effects of a respite from work on burnout: Vacation relief and fade-out. *Journal of Applied Psychology, 82,* 516–527.

Wiese, B. S., Seiger, C. P., Schmid, C. M. & Freund, A. M. (2010). Beyond conflict: Functional facets of the work-family interplay. *Journal of Vocational Behavior, 77,* 104–117.

Xanthopoulou, D., Bakker, A. B., Demerouti, E. & Schaufeli, W. B. (2007). The role of personal resources in the job demands-resources model. *International Journal of Stress Management, 14,* 121–141.

Zhou, L., Wang, M., Chang, C.-H., Liu, S., Zhan, Y. & Shi, J. (2017). Commuting stress process and self-regulation at work: Moderating roles of daily task significance, family interference with work, and commuting means efficacy. *Personnel Psychology, 70,* 891–922.

Personalauswahl und -entwicklung

5.1 Personalauswahl

Organisationen sind im Rahmen der Personalauswahl bestrebt, die jeweils geeignetsten Personen als Mitarbeiter/-in zu gewinnen. In einem ersten Schritt ist dabei zu klären, welche Anforderungen auf die zukünftigen Stelleninhaber/-innen zukommen und welche Kompetenzen entsprechend erforderlich sind, um diesen Anforderungen gerecht zu werden.

▶ **Definition** „Die **Anforderungsanalyse** sollte die Merkmale einen Arbeitsplatzes, einer Ausbildung bzw. eines Studiums, eines Berufs oder einer beruflichen Tätigkeit ermitteln, die für den beruflichen Erfolg oder die berufliche Zufriedenheit bedeutsam sind. Aus der Anforderungsanalyse sollten diejenigen Eignungsmerkmale (…) abgeleitet werden, die für die Erfüllung der Anforderungen notwendig sind" (DIN 33430; zit. nach Reimann 2009, S. 99; Hervorhebung durch die Autorinnen).

Einen qualitativen Ansatz zur Anforderungsanalyse stellt die Critical Incident Technique von Flanagan (1954) dar. Interviewbasiert werden dabei wichtige und erfolgskritische Informationen ermittelt, in denen Unterschiede zwischen leistungsstarken und leistungsschwächeren Personen sichtbar werden. Als Gesprächspartner/-innen dienen Vorgesetzte oder Stelleninhaber/-innen. Das gesammelte Datenmaterial wird anschließend von Expert/-innen so kategorisiert, dass ein Anforderungsprofil entsteht. Ist geklärt, welche Anforderungen relevant sind, sollten im Rahmen der systematischen Personaldiagnostik Verfahren ausgewählt werden, die es erlauben, die Eignung von Bewerbern/Bewerberinnen festzustellen.

© Springer-Verlag GmbH Deutschland, ein Teil von Springer Nature 2019
B. S. Wiese und A. M. Stertz, *Arbeits- und Organisationspsychologie,
Was ist eigentlich …?*, https://doi.org/10.1007/978-3-662-58056-1_5

Bei Personalentscheidungen gilt es, die Wahrscheinlichkeit von zwei zentralen Fehlern möglichst gering zu halten, nämlich geeignete Kandidaten/Kandidatinnen nicht zu berücksichtigen und ungeeignete einzustellen. Nur wer beide Fehler minimiert, kann eine hohe Trefferquote erreichen. Zwei zentrale Stellschrauben, um die Trefferquote zu steigern, sind eine Erhöhung des Anteils der geeigneten Personen in der Bewerberstichprobe (=Basisrate) und der Einsatz valider eignungsdiagnostischer Verfahren im weiteren Auswahlprozess.

Hintergrundinformation

In der Diagnostik wird mit dem Begriff der **Validität** das Ausmaß bezeichnet, mit dem ein Test oder Verfahren das Merkmal misst, was er/es zu messen vorgibt. Angestrebt wird ein möglichst fehlerfreier Rückschluss auf das interessierende Merkmal. Es werden verschiedene Formen der Validität unterschieden:

- **Augenscheinvalidität:** offensichtlicher Bezug von z. B. Iteminhalten, also zu beurteilenden Aussagen eines Fragebogens, zu dem interessierenden Merkmal
- **Inhaltsvalidität:** erschöpfende Erfassung des Merkmals mittels der Inhalte/Aufgaben eines Verfahrens oder Tests
- **Konstruktvalidität:**
  1. Strukturelemente des interessierenden Merkmals finden sich in den Testergebnissen wieder (bestimmbar mittels Faktorenanalyse)
  2. *Konvergente Validität:* Die Testergebnisse korrelieren positiv mit Ergebnissen aus Verfahren zu inhaltlich verwandten Merkmalen
  3. *Diskriminante Validität:* Es finden sich keine hohen positiven Korrelationen mit Ergebnissen aus Verfahren zu inhaltlich nicht verwandten Merkmalen
- **Kriteriumsvalidität:**
  1. *Prognostische oder prädiktive Validität:* Vorhersagbarkeit eines relevanten Kriteriums aufgrund des Testwerts
  2. *Inkrementelle Validität:* Beitrag, den das Verfahren über andere Verfahren hinaus hinsichtlich der Vorhersage eines relevanten Kriteriums leistet

Um geeignete potenzielle Kandidaten/Kandidatinnen auf vakante Positionen aufmerksam zu machen und zur Bewerbung zu motivieren, sind verschiedene Wege der Bewerberansprache möglich. Es wird zwischen interner und externer Ansprache unterschieden. Beispiele für die interne Bewerberansprache sind Angebote in internen E-Mail-Verteilern oder die Direktansprache von befristet Beschäftigten oder Praktikanten/Praktikantinnen. Die externe Bewerberansprache erfolgt typischerweise über Stellenanzeigen auf Internetportalen oder in Printmedien sowie über die Agentur für Arbeit. Bei Führungskräften kann auch eine gezielte Suche durch darauf spezialisierte Dienstleister erfolgen („Headhunting"). Zu den Vorteilen einer internen Bewerberansprache gehören die geringeren Einarbeitungskosten nach Stellenbesetzung und ein geringeres Risiko einer Fehlbesetzung durch Bekanntheit der betreffenden Personen. Andererseits können bei interner Vergabe von Leitungspositionen auch Folgeprobleme entstehen, wenn frühere gleichgestellte Kollegen/Kolleginnen zu unterstellten Mitarbeiter/-innen werden. Ein entscheidender Vorteil externer Bewerberansprache ist der sehr viel größere Bewerberpool. Auch erhofft man sich von externen Besetzungen Impulse durch neue Sichtweisen und Ideen. Bei externen Besetzungen von Leitungspositionen können sich allerdings interne Kandidaten/Kandidatinnen leicht übergangen fühlen. Auch sind die höheren Beschaffungs- und Einarbeitungskosten nicht zu unterschätzen.

Nach der Bewerberansprache erfolgt im nächsten Schritt der Einsatz verschiedener diagnostischer Verfahren. Ein verbreitetes Ordnungsschema eignungsdiagnostischer Verfahren stellt der trimodale Ansatz nach Schuler und Höft (2007) dar, der folgende Dreiteilung vornimmt:

- biografieorientierte Verfahren,
- eigenschaftsorientierte Verfahren und
- simulationsorientierte Verfahren.

Biografieorientierte Verfahren

Zu den biografieorientierten Verfahren zählen insbesondere die Analyse der Bewerbungsunterlagen und biografische Fragen in Einstellungsinterviews. Die Sichtung der Bewerbungsunterlagen dürfte durchgängig stattfinden, wenn auch in unterschiedlicher Intensität. Sie stellen ein Entscheidungskriterium dafür dar, welche Bewerber/-innen in die engere Wahl kommen, sind aber nur ein erster Schritt im Auswahlprozess; allerdings ein ganz entscheidender Schritt, auch für das Unternehmen selbst, da hier der Fehler auftreten kann, geeignete Bewerber/-innen vorschnell auszuschließen. Der Fehler, ungeeignete Personen im Bewerbungsprozess zu halten, kann prinzipiell durch weitere eignungsdiagnostische Schritte korrigiert werden. Nicht alle Elemente der Bewerbungsunterlagen haben biografischen Gehalt. Biografischer Art sind insbesondere Lebenslauf, Qualifikationsnachweise und Arbeitszeugnisse. Besonders hohe prognostische Validität haben am Anfang der Berufslaufbahn Schulnoten: Sie sagen Studien- und Berufserfolg vorher

(Baron-Boldt et al. 1989). Die Prognosekraft von Schulnoten nimmt im Laufe der Berufskarriere ab, ist aber weiterhin sichtbar (vgl. Schuler 2014).

Interviews sind nach der Auswertung der Bewerbungsunterlagen das meist verbreitete Instrument der psychologischen Eignungsdiagnostik. Sie weisen nicht nur eine außerordentlich hohe Akzeptanz aus Sicht der Bewerber/-innen auf (Hausknecht et al. 2004), sondern auch eine gute prognostische Validität für den Ausbildungs- und Berufserfolg, vor allem, wenn sie stark anforderungsbezogen strukturiert sind (McDaniel et al. 1994).

Eigenschaftsorientierte Verfahren

Die eigenschaftsorientierten Verfahren umfassen kognitive Leistungstest sowie Interessens- und Persönlichkeitsfragebogen. Unter kognitive Leistungstests fallen Intelligenztests sowie Aufmerksamkeits- und Konzentrationstests. Zu den Persönlichkeitsmerkmalen, die in der beruflichen Eignungsdiagnostik eine Rolle spielen, gehören u. a. die „Big Five" (Neurotizismus, Extraversion, Gewissenhaftigkeit, Offenheit für neue Erfahrungen, Verträglichkeit; Costa und McCrae 1988). Zu den berufsrelevanten Persönlichkeitsmerkmalen gehören aber auch überdauernde Motivdispositionen. Im Rahmen der Berufseignungsdiagnostik spielen außerdem Interessenstests eine Rolle. Der Einsatz von kognitiven Leistungstests und Persönlichkeitstests wird vonseiten der Bewerber/-innen weniger positiv bewertet als z. B. Interviews und Lebenslaufanalysen (s. oben; Hausknecht et al. 2004). Die prognostische Validität für Ausbildungs- und Berufserfolg ist jedoch insbesondere bei kognitiven Leistungstests als sehr gut zu beurteilen; sie weisen eine ähnlich stark ausgeprägte Vorhersagekraft auf wie Arbeitsproben (s. unten). Die prognostische Validität von Persönlichkeitsfragebogen ist ebenfalls substanziell, sie liegt jedoch unter der von kognitiven Leistungstests und Arbeitsproben. Welche prognostische Validität einzelnen Persönlichkeitsfacetten im konkreten Anwendungsfall zukommt, hängt deutlich vom Tätigkeitsbereich ab (vgl. Dudley et al. 2006). Hinsichtlich der Interessensdiagnostik hat sich gezeigt, dass interessenskongruente Berufswahlentscheidungen u. a. mit erhöhter beruflicher Zufriedenheit einhergehen (Schuler et al. 2014). Trotz ihrer beachtlichen Prognosegüte werden Persönlichkeitsfragebogen sowie insbesondere kognitive Leistungstests bei der Personalauswahl im deutschsprachigen Raum nur relativ selten eingesetzt. Am ehesten finden kognitive Leistungstests im Bereich der Auszubildendenauswahl ihren Einsatz (vgl. zusammenfassend Schmidt-Atzert und Amelang 2012).

Simulationsorientierte Verfahren

Simulationsorientierte Verfahren konfrontieren Bewerber/-innen unmittelbar mit Arbeitsaufgaben, bei deren Bewältigung sie beobachtet werden. Zu den simulationsorientierten Verfahren zählen u. a. Arbeitsproben und Assessment-Center.

Bei einer **Arbeitsprobe** wird eine einzelne Arbeitsaufgabe herausgegriffen und realitätsnah simuliert. Beispielsweise könnten Bewerber/-innen auf die Position eines Kassierers/einer Kassiererin im Supermarkt ein Musterwarenkorb zur Kasseneingabe vorgelegt werden und die Schnelligkeit und Genauigkeit registriert werden. Oder es könnten Bewerber/-innen auf eine Sekretariatsstelle Belege zur Durchsicht und Abrechnung übergeben werden. Bewerber/-innen auf eine Optikerstelle könnten die Aufgabe bekommen, einen Brillenflügel zu formen. Vorteile von Arbeitsproben sind ihre hohe Akzeptanz bei Bewerber/-innen und ihre sehr gute prognostische Validität. Zu den Nachteilen von Arbeitsproben zählen, dass sie auf jeweils eine sehr spezifische Tätigkeit Bezug nehmen, dass sie bei Tätigkeitsunerfahrenen nicht gut einsetzbar sind und typischerweise eher auf die maximale Leistung der Bewerber/-innen und nicht auf die typische Alltagsleistung von Stelleninhabern/-inhaberinnen abzielen. Letztgenanntes stellt dann kein Problem dar, wenn maximale Leistung und typische Leistung positiv korrelieren (vgl. Sackett et al. 1988). Um Arbeitsproben auch für Berufsunerfahrene einsetzen zu können, lassen sich Trainingsphasen vorschalten, wie es beispielsweise bei der Nachwuchsfluglotsenauswahl praktiziert wird (vgl. Höft und Funke 2006).

Ein aufwendigeres simulationsorientiertes Verfahren stellen **Assessment-Center** (AC) dar.

▶ **Definition** „Ein **Assessment Center** ist ein ein- bis dreitägiges Seminar mit acht bis zwölf Mitarbeitern oder Bewerbern, die von Führungskräften und Personalfachleuten in **Rollenübungen** und **Fallstudien** beobachtet und beurteilt werden. Diese Rollenübungen und Fallstudien sind charakteristisch für bestehende oder zukünftige Arbeitssituationen und Aufgabenfelder." (Obermann 2013, S. 2; Hervorhebung durch die Autorinnen).

Allerdings ist zu beachten, dass durchaus auch Einzel-AC üblich sind, vor allem bei der Besetzung von Stellen auf höheren Hierarchieebenen. Zu den typischen AC-Übungen gehören:

- Präsentation,
- Rollenspiel,
- Fallstudie,
- Interview,

- Gruppendiskussion und
- Postkorb.

Nach Höft und Obermann (2010) umfassen überdies fast ein Drittel der AC auch Leistungstests und Persönlichkeitsfragebogen.
Gängige Beurteilerdimensionen sind u. a. (angelehnt an u. a. Arthur et al. 2003):

- Kommunikationsfähigkeit,
- Führungskompetenz,
- Organisations- und Planungsfähigkeit,
- Konfliktlösungsfähigkeit,
- Problemlösefähigkeit,
- Belastbarkeit und
- Sozialkompetenz.

Zu den wichtigsten Prinzipien bei der AC-Entwicklung und -Durchführung zählen:

- **Simulation:** Das Verhalten ist tatsächlich zu zeigen.
- **Anforderungsorientierung:** Es werden nur Aufgaben verwandt, die den tatsächlichen Anforderungen entsprechen (Notwendigkeit einer Anforderungsanalyse).
- **Methodenvielfalt:** Kombination unterschiedlicher Aufgabentypen, um ein Merkmal mehrfach zu erfassen.
- **Mehrfachbeobachtung:** Die Verhaltensbeobachtung und -bewertung obliegt mehreren geschulten Personen.
- **Transparenz:** Die Teilnehmer/-innen erfahren, was sie erwartet, und erhalten eine Leistungsrückmeldung.

Assessment-Center weisen eine mittlere prognostische Validität auf. Sie liegt unter jener von Arbeitsproben und kognitiven Leistungstests. Allerdings zeigte eine Metaanalyse von Meriac et al. (2008), dass AC über kognitive Leistungstests sowie Persönlichkeitsfragebogen hinaus zur Vorhersage von Arbeitsleistung beitragen. Bereits wiederholt wurde in der Forschung die Problematik der geringen Konstruktvalidität thematisiert. Diese zeigt sich darin, dass die Beurteilungsdimensionen über die Übungen hinweg geringer korrelieren als innerhalb der Übungen. Dies bedeutet, dass die Beurteiler/-innen wenig zwischen den Merkmalen, die sie beurteilen sollen, differenzieren. Es ist deshalb bei der Entwicklung und Durchführung von Assessment-Centern darauf zu achten, dass die Beurteilungsdimensionen klar definiert und die Beobachter/-innen ausführlich geschult werden (auch in Hinblick auf mögliche Beobachtungsfehler).

5.2 Personalentwicklung

▶ **Definition** **Personalentwicklung** (PE) dient dazu, Handlungskompetenzen von Mitarbeitern/Mitarbeiterinnen auf- und auszubauen, damit diese ihre gegenwärtigen und zukünftigen Aufgaben optimal erfüllen können.

Idealerweise ist die Personalentwicklung in die Unternehmensplanung eingebettet, sodass es sich um eine „strategische" Personalentwicklung handelt. Eine verbreitete Klassifikation beruflicher Kompetenzbereiche umfasst die folgenden vier Gebiete:

- **Fachkompetenz:** Kenntnisse und Fertigkeiten, welche spezifisch für den jeweiligen Tätigkeitsbereich sind;
- **Methodenkompetenz:** Fähigkeit, geeignete Techniken und Vorgehensweisen zur Strukturierung und Lösung von arbeitsbezogenen Problemstellungen anzuwenden;
- **Sozialkompetenz:** Fähigkeit, sich in sozialen Situationen angemessen zu verhalten;
- **Selbstkompetenz:** Fähigkeit zum Selbstmanagement und zur Selbstreflexion.

Wichtige Akteure im Feld der Personalentwicklung sind (vgl. Kauffeld 2014):

1. die Unternehmensleitung, die Notwendigkeit und Richtung der PE bestimmt,
2. die PE-Abteilung als eine Organisationseinheit, die passende PE-Angebote entwickelt oder in Auftrag gibt,
3. externe Dienstleister für Coachingangebote, Trainings u. Ä.,
4. Führungskräfte, die einerseits PE-Maßnahmen selbst nutzen, aber andererseits auch dafür verantwortlich sind, Beschäftigten die Teilnahme an Maßnahmen nahezulegen bzw. zu ermöglichen sowie
5. alle Mitarbeiter/-innen, die PE-Maßnahmen in Anspruch nehmen und eine Verantwortung für den Alltagstransfer des Erlernten tragen.

Neben diesen Gruppen von Akteuren ist es sinnvoll, auch den Betriebsrat an der Konzeption von PE-Strategien teilhaben zu lassen.

Tab. 5.1 Klassifikation von PE-Verfahren nach Conradi (1983)

Zeitlich/karrierebezogen	Räumlich
„into the job" – z. B. Trainee-Programme	„on the job" – z. B. Aufgabenerweiterung
„along the job" – z. B. Mitarbeiterjahresgespräch	„near the job" – z. B. Mentoring
„out of the job" – z. B. Ruhestandsvorbereitung	„off the job" – z. B. Seminare

Personalentwicklungsverfahren

Eine Klassifikation von PE-Verfahren wurde von Conradi (1983; Tab. 5.1) vorgeschlagen. Er ordnet sie nach ihrer zeitlichen und räumlichen Verortung.

Psychologisch fundierte PE-Maßnahmen – insbesondere wenn sie auf einer systematischen Bedarfsanalyse aufbauen (Arthur et al. 2003) – zeigen Auswirkungen auf die Arbeitsleistung und Motivation der Beschäftigten (vgl. zusammenfassend Holling und Liepmann 2004). Die relativ stärksten Effekte lassen sich für Trainingsmaßnahmen feststellen (vgl. Guzzo et al. 1985). Für einige PE-Maßnahmen liegen allerdings bisher nur recht wenige Evaluationen ihrer Wirksamkeit vor (z. B. Coaching; Künzli 2009). Eine große Herausforderung ist insbesondere bei externen PE-Maßnahmen der Transfer des Gelernten in den Arbeitsalltag. Bei der Gestaltung solcher Angebote ist es deshalb wichtig, praktische Übungsmöglichkeiten mit Anwendungsbezug einzubauen. Auch kann es beispielsweise im Rahmen von Trainings nützlich sein, zwischen den Trainingseinheiten Gelegenheit zur Alltagsanwendung zu schaffen und mögliche Transferprobleme zu besprechen sowie Lern- und Transfertandems im Kollegenkreis zu bilden (vgl. Schaper 2014).

Zusammenfassung

Im Rahmen der Personalauswahl sollen die jeweils geeignetsten Personen als Mitarbeiter/-innen gewonnen werden. Dazu muss zunächst geklärt werden, welche Anforderungen auf zukünftige Stelleninhaber/-innen zukommen und welche Kompetenzen erforderlich sind, um diesen gerecht zu werden. Anschließend sind passende eignungsdiagnostische Verfahren zu bestimmen. Hier unterscheidet man zwischen biografieorientierten (z. B. Interviews), eigenschaftsorientierten (z. B. Intelligenztests) und simulationsorientierten (z. B. Arbeitsproben, Assessment-Center) Verfahren. Die höchste Prognosegüte haben kognitive Leistungstests, Arbeitsproben und strukturierte Interviews. Erstgenannte werden jedoch trotz ihrer beachtlichen Prognosegüte im

Rahmen der Personalauswahl im deutschsprachigen Raum eher selten eingesetzt. Personalentwicklungsmaßnahmen dienen dem Auf- oder Ausbau der Handlungskompetenzen (z. B. Fachkompetenzen, soziale Kompetenzen) von Beschäftigten. Sie können im Unternehmen selbst stattfinden oder auch außerhalb. Zu den wichtigsten Akteuren im Feld der Personalentwicklung gehören neben den Mitarbeiter/-innen selbst, welche die Zielpersonen der Maßnahmen sind, Unternehmensleitung, PE-Abteilung, externe Dienstleister und Vorgesetzte. Eine zentrale Herausforderung bei der Umsetzung von Personalentwicklungsmaßnahmen ist die Sicherung des Transfers des Gelernten.

Literatur

Arthur, W., Jr., Bennett, W., Jr., Edens, P. S. & Bell, S. T. (2003). Effectiveness of training in organizations: A meta-analysis of design and evaluations features. *Journal of Applied Psychology, 88*, 234–245.

Baron-Boldt, J., Funke, U. & Schuler, H. (1989). Prognostische Validität von Schulnoten. Eine Metaanalyse der Prognose des Studien- und Ausbildungserfolgs. *Tests und Trends, 7*, 11–39.

Conradi, W. (1983). *Personalentwicklung*. Stuttgart: Enke.

Costa, P. T. & McCrae, R. R. (1988). Personality in adulthood: A six-year longitudinal study of self-reports and spouse ratings on the NEO Personality Inventory. *Journal of Personality and Social Psychology, 54*, 853–863.

Dudley, N. M., Orvis, K. A., Lebiecki, J. E. & Cortina, J. M. (2006). A meta-analytic investigation of conscientiousness in the prediction of job performance: Examining the intercorrelations and the incremental validity of narrow traits. *Journal of Applied Psychology, 91*, 40–57.

Flanagan, J. C. (1954). The critical incident technique. *Psycholcial Bulletin, 51*, 327–358.

Guzzo, R. A., Jette, R. D. & Katzell, R. A. (1985). The effects of psychological based intervention programs on worker productivity: A meta-analysis. *Personnel Psychology, 38*, 275–291.

Hausknecht, J. P., Day, D. V. & Thomas, S. C. (2004). Applicant reactions to selection procedures: An updated model and meta-analysis. *Personnel Psychology, 57*, 639–683.

Höft, S. & Funke, U. (2006). Simulationsorientierte Verfahren der Personalauswahl. In H. Schuler (Hrsg.), *Lehrbuch der Personalpsychologie* (2., überarb. und erw. Aufl., S. 145–178). Göttingen: Hogrefe.

Höft, S. & Obermann, C. (2010). Der Praxiseinsatz von Assessment Centern im deutschsprachigen Raum: Eine zeitliche Verlaufsanalyse basierend auf den Anwenderbefragungen des Arbeitskreises Assessment Center e. V. von 2001 und 2008. *Wirtschaftspsychologie, 12*, 5–16.

Holling, H. & Liepmann, D. (2004). Personalentwicklung. In H. Schuler (Hrsg.), *Lehrbuch Organisationspsychologie* (S. 285–316). Bern: Huber.

Kauffeld, S. (Hrsg.). (2014). *Arbeits-, Organisations- und Personalpsychologie für Bachelor* (2., überarb. Aufl.). Berlin: Springer.

Künzli, H. (2009). Wirksamkeitsforschung im Führungskräfte-Coaching. *Organisationsberatung, Supervision, Coaching, 16,* 4–18.

McDaniel, M. A., Whetzel, D. L., Schmidt, F. L. & Maurer, S. D. (1994). The validity of employment interviews: A comprehensive review and meta-analysis. *Journal of Applied Psychology, 79,* 599–616.

Meriac, J. P., Hoffman, B. J., Woehr, D. J. & Fleisher, M. S. (2008). Further evidence for the validity of assessment center dimensions: A meta-analysis of the incremental criterion-related validity of dimension ratings. *Journal of Applied Psychology, 93,* 1042–1052.

Obermann, C. (2013). *Assessment Center: Entwicklung, Durchführung, Trends. Mit originalen AC-Übungen* (5., vollst. überarb. und erw. Aufl.). Wiesbaden: Gabler.

Reimann, G. (2009). *Moderne Eignungsbeurteilung mit der DIN 33430.* Wiesbaden: VS Verlag.

Sacket, P. R., Zedeck, S. & Fogli, L. (1988). Relations between measures of typical and maximum job performance. *Journal of Applied Psychology, 73,* 482–486.

Schaper, N. (2014). Aus- und Weiterbildung: Konzepte der Trainingsforschung. In F. W. Nerdinger, G. Blickle & N. Schaper (Hrsg.), *Arbeits- und Organisationspsychologie* (3. Aufl., S. 461–488). Berlin: Springer.

Schmidt-Atzert, L. & Amelang, M. (2012). *Psychologische Diagnostik* (5. Aufl.). Berlin: Springer.

Schuler, H. (2014). Biografieorientierte Verfahren der Personalauswahl. In H. Schuler & U. P. Kanning (Hrsg.), *Lehrbuch der Personalpsychologie* (3., überarb. und erw. Aufl., S. 257–300). Göttingen: Hogrefe.

Schuler, H. & Höft, S. (2007). Diagnose beruflicher Eignung und Leistung. In H. Schuler (Hrsg.), *Lehrbuch der Organisationspsychologie* (4., aktual. Aufl., S. 289–343). Göttingen: Hogrefe.

Schuler, H., Höft, S. & Hell, B. (2014). Eigenschaftsorientierte Verfahren der Personalauswahl. In H. Schuler & U. P. Kanning (Hrsg.), *Lehrbuch der Personalpsychologie* (3., überarb. und erw. Aufl., S. 149–214). Göttingen: Hogrefe.

Teamarbeit und Führung

6.1 Teamarbeit

Wenn man sich Stellenanzeigen anschaut, fällt auf, dass häufig Teamkompetenz gefordert wird. Dies kann als Hinweis darauf gewertet werden, dass Teamarbeit verbreitet ist und zugleich als Herausforderung angesehen wird. Die Bezeichnungen (Arbeits-)Gruppe und Team werden in der Organisationspsychologie zumeist synonym verwendet (Kanning und Staufenbiel 2012). Wollte man sie unterscheiden, ließe sich anführen, dass ein Teamcharakteristikum die Entwicklung eines „Wir"-Gefühls umfasst. Eine (Arbeits-)Gruppe besteht typischerweise aus mehr als zwei Personen, die gemeinsam an einer Aufgabe arbeiten, welche Kooperation erfordert (vgl. Wegge 2014). In den letzten Jahrzehnten hat insbesondere die Projektgruppenarbeit an Bedeutung gewonnen. Dabei handelt es sich um einen zeitweisen Zusammenschluss von Personen, deren Expertise sich ergänzt und die über eigene Entscheidungsbefugnisse hinsichtlich der konkreten Projektarbeit verfügen. Nach Projektende löst sich die Gruppe auf und die Beschäftigten wenden sich neuen Aufgaben bzw. anderen Projekten zu. Häufig sind Beschäftigte auch simultan in mehrere Projekte eingebunden.

Vorteile und Nachteile von Teamarbeit
Forschungsbefunde belegen, dass Teamarbeit sowohl positive als auch negative Auswirkungen haben kann. Einige Beispiele werden im Folgenden angerissen (vgl. zusammenfassend Wegge 2014). Teamarbeit ermöglicht die Bearbeitung komplexer Problemstellungen. Eine besondere Rolle spielt hierbei der Austausch von Informationen, Wissen und Erfahrungen unter Rückgriff auf die spezifischen Kompetenzen der einzelnen Gruppenmitglieder. Aus motivationspsychologischer Sicht vermag Teamarbeit außerdem das Bedürfnis nach sozialer Zugehörigkeit

© Springer-Verlag GmbH Deutschland, ein Teil von Springer Nature 2019
B. S. Wiese und A. M. Stertz, *Arbeits- und Organisationspsychologie*,
Was ist eigentlich …?, https://doi.org/10.1007/978-3-662-58056-1_6

zu stärken. Weiterhin können sich Mitglieder untereinander motivieren und füreinander einspringen. In Wettbewerbssituationen trägt zudem die Identifikation mit der eigenen Gruppe zur Steigerung der individuellen Leistungsbereitschaft bei. Es kann aber auch zu Motivationsverlusten bei der Teamarbeit kommen. Bei schwierigen Aufgaben kann die Leistungsfähigkeit durch soziale Bewertungsangst beeinträchtigt werden. In der Literatur wird außerdem häufiger vom sog. „Trittbrettfahren" berichtet, bei dem eine Person ihre individuelle Anstrengung reduziert, da sie ihren eigenen Beitrag für die Gruppenleistung für vernachlässigbar hält. Die Auftretenswahrscheinlichkeit für dieses Verhalten steigt mit der Größe der Gruppe an. Solch ein Verhalten kann andere Mitglieder zur Nachahmung animieren, die dann ggf. ebenfalls mit einer Rücknahme ihres Engagements reagieren (sog. „Sucker-Effekt").

Heterogenität von Teams

Die organisationspsychologische Forschung beschäftigt sich u. a. mit der Rolle der Zusammensetzung von Arbeitsgruppen. Dabei bezeichnet die Heterogenität von Teams die Unterschiedlichkeit der Gruppenmitglieder hinsichtlich verschiedenster Dimensionen. Dazu zählen sowohl relativ leicht abbildbare Charakteristika wie Dauer der Teamzugehörigkeit, Ausbildungsgrad, Alter, Geschlecht und Nationalität, aber auch stärker psychologische Merkmale wie Persönlichkeitseigenschaften, Werte und kognitive Fähigkeiten. Aus einer Zusammenschau von Übersichtsartikeln und Metaanalysen schließt Wegge (2014), dass die Befundlage zu Leistungsergebnissen in Abhängigkeit von der Gruppenheterogenität äußerst gemischt ist. In einer Metaanalyse von Joshi und Roh (2009) ergaben sich für spezifische Diversitätsaspekte unterschiedliche Zusammenhänge mit der Leistung: Für die Altersdiversität fand sich beispielsweise ein negativer Zusammenhang mit der Leistung, für die Diversität in der funktionalen Bereichszugehörigkeit hingegen ein positiver. Der negative Zusammenhang von Altersdiversität und Gruppenleistung wird laut einer Studie von Ries et al. (2010) durch das vermehrte Auftreten von Konflikten vermittelt.

Konflikte in Teams

Bei der Untersuchung von Konflikten in Teams werden verschiedene Konfliktarten unterschieden, nämlich Beziehungs- und Aufgabenkonflikte. Bei den Beziehungskonflikten stehen zwischenmenschliche Unstimmigkeiten im Vordergrund. Aufgabenkonflikte beziehen sich auf verschiedene Sichtweisen und Meinungen dazu, wie Verantwortlichkeiten verteilt sein sollten, Ergebnisse der Arbeit zu bewerten sind u. Ä. Einer Metaanalyse von De Dreu und Weingart (2003) folgend sind diese beiden Konfliktarten in Teams positiv korreliert. Zudem konnte gezeigt werden, dass je höher diese Konflikte ausgeprägt sind, desto geringer fallen Mitarbeiterzufriedenheit und Arbeitsgruppenleistung aus. Die stärksten negativen Zusammenhänge bestehen dabei zwischen Beziehungskonflikten und Mitarbeiterzufriedenheit. Beziehungskonflikten ist folglich im Arbeitsalltag besondere Aufmerksamkeit zu schenken.

6.2 Führung

Modellvorstellungen zum Führungsverhalten

Eine wichtige Rolle im organisationalen Interaktionsgeschehen nehmen Führungskräfte ein. Sie haben – vor allen Dingen auf der obersten Hierarchieebene – wesentliche strategische Unternehmensentscheidungen zu treffen. Auf allen Hierarchieebenen sind Führungskräfte mit Aufgaben der Mitarbeiterführung betraut. Ihr Verhalten in diesem letztgenannten Aufgabenbereich ist Gegenstand der nachfolgenden Betrachtung.

Inspiriert wurde die organisationspsychologische Führungsforschung durch frühe feldexperimentelle Arbeiten von Lewin et al. (1939). Diese hatten in Schülerfreizeitgruppen das Führungsverhalten des Gruppenleiters hinsichtlich der Entscheidung für gemeinsame Aktivitäten variiert. Sie interessierten sich für die Auswirkungen des Führungsverhaltens auf das Sozialverhalten der Kinder. Konkret wurden drei Führungsstile unterschieden:

- **Laissez-faire-Stil:** keine Einflussnahme des Gruppenleiters;
- **demokratischer Stil:** Partizipation der Gruppenmitglieder bei der Entscheidung;
- **autoritärer Stil:** Gruppenleiter trifft Entscheidungen allein.

Es zeigte sich, dass bei demokratischer Führung die geringste Aggressivität in den Gruppen auftrat und der Gruppenleiter mit demokratischem Führungsstil am beliebtesten war. Am unbeliebtesten war ein autoritär auftretender Gruppenleiter. Relativ hohe Aggressivität war sowohl in den Laissez-faire-Gruppen als auch in den autoritär geführten Gruppen zu verzeichnen.

Übertragen auf den Arbeitskontext findet sich der demokratische Führungsstil als mitarbeiterorientierter Führungsstil wieder. Dabei berücksichtigt die Führungskraft die individuellen Bedürfnisse der Beschäftigten und bezieht die Mitarbeiter/-innen in wichtige Entscheidungen mit ein. Typischerweise ist der Führungskraft in diesem Fall eine aktive Pflege der zwischenmenschlichen Beziehungen wichtig. Diesem mitarbeiterorientierten Führungsstil stellen Blake und Mouton (1964) einen sog. aufgabenorientierten Stil gegenüber. Dieser bezeichnet einen auf die Arbeitsergebnisse fokussierten Führungsstil, der durch klare, von der Führungskraft vorgenommene Zielsetzungen charakterisiert ist. Die Pflege der zwischenmenschlichen Beziehungen steht hierbei nicht im Vordergrund; eine Belohnung der Mitarbeiter/-innen erfolgt lediglich bei Zielerreichung. Diesem Führungsstil entspricht ein „Management-by-Objectives"-Ansatz (z. B. leistungsabhängige Bonizahlungen). Metaanalytische Befunde zeigen, dass für beide Arten des Führungsverhaltens gilt (Judge et al. 2004): je höher diese ausgeprägt sind, umso motivierter und zufriedener sind die Beschäftigten mit der Führungskraft. Dabei fallen die Beziehungen zwischen Mitarbeiterorientierung und Zufriedenheit sowie Motivation höher aus als dies bei der aufgabenorientierten Führung der Fall ist. Je höher Aufgaben- und Mitarbeiterorientierung sind, desto besser wird außerdem die Gruppenleistung beurteilt.

In den 1990er Jahren stellten Avolio und Bass (1991) ihr „Full-Range-of-Leadership"-Modell vor und unterscheiden darin zwischen transaktionaler, transformationaler und passiv-vermeidender Führung. Die transaktionale Führung entspricht im Wesentlichen der oben vorgestellten aufgabenorientierten Führung. Sofern es der Zielerreichung dient, ist die Führungskraft bereit, den/die Mitarbeiter/-in zu unterstützen. Der transformationale Führungsstil ist hingegen nicht austauschtheoretisch begründet, vielmehr geht es darum, die Mitarbeiter/-innen zu einer maximalen Identifikation mit der Führungskraft und mit der Organisation zu bewegen. Die Autoren postulieren, dass hierfür ein charismatisches Auftreten der Führungskraft erforderlich sei, dass diese ihre Zukunftsvisionen enthusiastisch kommunizieren müsse, die Mitarbeiter/-innen zu kreativen Lösungen ermutigen sollte und die Individualität jedes Mitarbeiters/jeder Mitarbeiterin dabei wertzuschätzen sei. Bemerkenswerterweise erinnert die Anforderung, charismatisch zu sein, an den Ansatz, außergewöhnliche Führungspersönlichkeiten in den Vordergrund der Betrachtung zu rücken. Diese Perspektive wird in der Literatur unter der „Great Man Theory" subsummiert. Aus Anwendersicht hat sich die Great Man Theory als wenig hilfreich erwiesen, da aus ihr keine konkreten Hinweise auf erlernbare Führungsverhaltensweisen abzuleiten waren. Ein ähnliches Problem könnte für die Charismakomponente der transformationalen Führung bestehen. Der passiv-vermeidende Führungsstil greift das bereits von Lewin et al. (1939) untersuchte Laissez-faire-Verhalten auf. Es ist von einem bewusst destruktiven oder missbräuchlichen Führungsverhalten zu unterscheiden, kann aber nichtsdestotrotz deutlich negative Folgen haben.

Hinsichtlich des transformationalen und des transaktionalen Führungsziels zeigt eine Metaanalyse von Judge und Piccolo (2004), dass beide Stile mit erhöhter Motivation und Zufriedenheit mit der Führungskraft einhergehen.

Ein Laissez-faire-Verhalten ist mit geringerer Zufriedenheit assoziiert. Ein Zusammenhang mit der Motivation konnte in der Metaanalyse nicht festgestellt werden. Die Gruppenleistung wird ausschließlich dann besser beurteilt, wenn ein transformationales Führungsverhalten vorliegt. Weiterhin gibt es erste Hinweise darauf, dass sich ein transaktionaler Führungsstil auf kreatives Handeln hemmend auswirken kann (Kark et al. 2018).

Die bisherigen Ausführungen scheinen nahezulegen, dass das Führungsverhalten einer einzelnen Führungskraft durch je einen spezifischen Führungsstil charakterisiert ist. Allerdings fällt auf, dass transaktionales und transformationales Führungsverhalten positiv korreliert sind (Bycio et al. 1995; Den Hartog et al. 1997). Weiterhin ist festzustellen, dass die Führungskraft nicht allen Mitarbeitern/ Mitarbeiterinnen gegenüber gleich auftritt. Dies berücksichtigt die sog. „Leader-Member-Exchange Theory" (LMX; vgl. Graen und Uhl-Bien 1995). Sie geht davon aus, dass sich Führung nur innerhalb einer Beziehung verstehen lässt. Die Beziehung zwischen Führungskraft und Mitarbeiter/-in entwickelt sich über die Zeit und durchläuft dabei qualitativ unterschiedliche Phasen. Typischerweise kennen sich Führungskraft und Mitarbeiter/-in zu Beginn noch nicht und müssen sich in ihre jeweilige Rolle in der Beziehung einfinden. Gegenseitiges Vertrauen wird erst durch die Erfahrung in der Zusammenarbeit aufgebaut. Optimalerweise entwickelt sich das Miteinander hin zu einer reifen, eher durch Partnerschaftlichkeit geprägten Beziehung. Das Verhalten der Führungskraft ist also nicht unabhängig davon, wie lange Führungskraft und Mitarbeiter/-in bereits gemeinsam miteinander arbeiten und wird auch davon beeinflusst, wie der/die Mitarbeiter/-in sich verhält.

Abschließend sei erwähnt, dass Führung in Unternehmen nicht allein durch persönliche Einflussnahme von Vorgesetzten in der unmittelbaren Interaktion mit dem/der Mitarbeiter/-in stattfindet (personale bzw. direkte Führung). Geführt wird vielmehr auch über spezifische Strukturen und Anreize, die das gewünschte Verhalten begünstigen sollten (entpersonalisierte bzw. indirekte Führung).

Zusammenfassung

Forschungsbefunde belegen, dass Teamarbeit nicht nur positive Auswirkungen haben kann (z. B. Rückgriff auf die spezifischen Kompetenzen einzelner Mitglieder bei komplexen Problemstellungen). Negative Auswirkungen sind ebenfalls zu beobachten (z. B. „Trittbrettfahren"). Mitglieder einer Gruppe können sich hinsichtlich verschiedener Merkmale unterscheiden. Diese Heterogenität kann ebenfalls sowohl positive als auch negative Auswirkungen haben, je nachdem, welcher spezifische Diversitätsaspekt und welche Aufgabe betrachtet wird. In Teams kann es zu Beziehungs- und Aufgabenkonflikten kommen.

Beide Konfliktarten hängen miteinander, aber auch mit einer geringeren Mitarbeiterzufriedenheit und Arbeitsgruppenleistung zusammen. Mit Blick auf das Thema Führung ist festzuhalten, dass Führungskräften im organisationalen Interaktionsgeschehen eine wichtige Rolle zukommt. In den letzten Jahrzehnten wurde eine Vielzahl von Modellvorstellungen zum Führungsverhalten vorgeschlagen (z. B. aufgaben- vs. mitarbeiterorientierte Führung; transaktionale vs. transformationale Führung). Ein vermeidendes Führungsverhalten erweist sich in der Regel als ungünstig. Zu beachten ist, dass Führungskräfte nicht allen Beschäftigten gegenüber gleich auftreten und die Beziehung zwischen Führungskraft und den einzelnen Mitarbeitern/Mitarbeiterinnen sich über die Zeit verändert. Vor diesem Hintergrund lässt sich Führung im Alltag letztlich nur innerhalb einer spezifischen Beziehung verstehen.

Literatur

Avolio, B. J. & Bass, B. M. (1991). *The full range of leadership development: Basic and advanced manuals*. Binghamton: Bass, Avolio & Associates.

Blake, R. R. & Mouton, J. S. (1964). *Verhaltenspsychologie im Betrieb*. Düsseldorf: Econ.

Bycio, P., Hackett, R. D. & Allen, J. S. (1995). Further assessments of Bass's (1985) conceptualization of transactional and transformational leadership. *Journal of Applied Psychology, 80*, 468–478.

De Dreu, C. K. W. & Weingart, L. R. (2003). Task versus relationship conflict, team performance, and team member satisfaction: A meta-analysis. *Journal of Applied Psychology, 88*, 741–749.

Den Hartog, D. N., Van Muijen, J. J. & Koopman, P. L. (1997). Transactional versus transformational leadership: An analysis of the MLQ. *Journal of Occupational and Organizational Psychology, 70*, 19–34.

Graen, G. B. & Uhl-Bien, M. (1995). Relationship-based approach to leadership: Development of leader-member-exchange (LMX) theory of leadership over 25 years: Applying a multi-level multi-domain perspective. *The Leadership Quarterly, 6*, 219–247.

Joshi, A. & Roh, H. (2009). The role of context in work team diversity research: A meta-analytic review. *Academy of Management Journal, 52*, 599–627.

Judge, T. A. & Piccolo, R. F. (2004). Transformational and transactional leadership: A meta-analytic test of their relative validity. *Journal of Applied Psychology, 89*, 755–768.

Judge, T. A., Piccolo, R. F. & Ilies, R. (2004). The forgotten ones? The validity of consideration and initiation structure in leadership research. *Journal of Applied Psychology, 89*, 36–51.

Kanning, U. P. & Staufenbiel, T. (2012). Teams in Organisationen. In U. P. Kanning & T. Staufenbiel (Hrsg.), *Organisationspsychologie* (S. 265–289). Göttingen: Hogrefe.

Kark, R., Van Dijk, D. & Vashdi, D. R. (2018). Motivated or demotivated to be creative: The role of self-regulatory focus in transformational and transactional leadership processes. *Journal of Applied Psychology, 67,* 186–224.

Lewin, K., Lippitt, R. & White, R. K. (1939). Patterns of aggressive behavior in experimentally created "social climates". *Journal of Social Psychology, 10,* 271–299.

Ries, B. C., Diestel, S., Wegge, J. & Schmidt, K.-H. (2010). Die Rolle von Alterssalienz und Konflikten in Teams als Mediatoren in der Beziehung zwischen Altersheterogenität und Gruppeneffektivität. *Zeitschrift für Arbeits- und Organisationspsychologie, 54,* 117–130.

Wegge, J. (2014). Gruppenarbeit und Management von Teams. In H. Schuler & U. P. Kanning (Hrsg.), *Lehrbuch der Personalpsychologie* (3., überarb. und erw. Aufl., S. 933–983). Göttingen: Hogrefe.

Erwerbstätigkeit und berufliche Entwicklung

7

Im Deutschen gilt: Job ist nicht gleich Beruf. So würde man von einem Job sprechen, wenn eine Tätigkeit nur relativ geringe Qualifikationserfordernisse hat und eher kurzfristig angelegt ist. Ein Beruf wird dauerhafter ausgeübt und stellt einen wesentlichen Bereich des eigenen Selbstbildes dar. In Deutschland und einigen anderen Ländern geht der regulären Berufstätigkeit in der Regel eine Qualifikationsphase im Rahmen einer betrieblichen Ausbildung oder eines Studiums voraus. Dies deutet bereits darauf hin, dass es einen längerfristigen beruflichen Entwicklungsprozess gibt, wobei man unter Karriere typischerweise einen Verlauf versteht, bei dem über die Zeit bessere Positionen erreicht werden. Berufserfolg lässt sich mittels objektiver und subjektiver Indikatoren beschreiben. Als objektive Erfolgsindikatoren können u. a. Einkommen, Personal- und Budgetverantwortung, Beförderungen, Verkaufszahlen und Boni gelten. Solche Kriterien sind allerdings branchen- bzw. berufsfeldabhängig. Manche Kriterien oder Indikatoren kommen in bestimmten Berufsgruppen gar nicht vor (z. B. Bonuszahlungen, Dienstwagen). Andere Kriterien wie das Einkommen sind zwischen Beschäftigten aus unterschiedlichen Branchen schwer zu vergleichen (z. B. unterschiedliche Einkommensniveaus in Privatwirtschaft und öffentlichem Dienst). Zu den subjektiven Erfolgsindikatoren gehören Selbsteinschätzungen wie die eigene Karrierezufriedenheit oder das Erreichen selbstdefinierter Ziele.

7.1 Funktionen von Erwerbsarbeit

Wesentliche Erkenntnisse über den (psychologischen) Wert von Erwerbsarbeit stammen aus der Forschung zu den Auswirkungen langanhaltender Arbeitslosigkeit. Hier sind vor allem die Arbeiten der Soziologin Jahoda und ihrer Kollegen zu nennen (Jahoda et al. 1975). Sie untersuchten in den 1930er Jahren mit der

© Springer-Verlag GmbH Deutschland, ein Teil von Springer Nature 2019
B. S. Wiese und A. M. Stertz, *Arbeits- und Organisationspsychologie*,
Was ist eigentlich …?, https://doi.org/10.1007/978-3-662-58056-1_7

Marienthal-Studie das Leben und Erleben von Menschen, die in einer gleich-
namigen österreichischen Arbeitersiedlung wohnten und durch eine Fabrik-
schließung stark von Arbeitslosigkeit betroffen waren. Dazu nutzten sie einen
multimethodalen Forschungsansatz (u. a. Beobachtungen, Interviews, Dokumenten-
analysen). Auf dieser Basis kam Jahoda (1983) mit Blick auf die Funktionen von
Erwerbsarbeit zu dem Schluss, dass der Erwerbsarbeit neben der Sicherung des
Lebensunterhalts noch weitere Funktionen zukommen: „Sie [die Erwerbsarbeit]
gibt dem wach erlebten Tag eine Zeitstruktur, sie erweitert die Bandbreite der sozialen Beziehungen über die oft stark emotional besetzten Beziehungen zur Familie
und zur unmittelbaren Nachbarschaft hinaus; mittels Arbeitsteilung demonstriert
sie, daß die Ziele und Leistungen eines Kollektivs, diejenigen des Individuums tran-
szendieren; sie weist einen sozialen Status zu und klärt die persönliche Identität; sie
verlangt eine regelmäßige Aktivität" (Jahoda 1983, S. 136).

Angelehnt an Jahoda spricht man heute von der Sicherung des Lebensunterhaltes durch den monetären Verdienst als der manifesten, also offensichtlichen
Funktion von Erwerbsarbeit, während die anderen Aspekte von Erwerbsarbeit
(z. B. Strukturierung der Zeit, alltägliche Aktivierung, Sicherung von Sozial-
kontakten außerhalb der Kernfamilie, Sinnstiftung) den latenten, also weniger
offenkundigen Funktionen zugerechnet werden. Unabhängig davon, ob die von
Jahoda und Kollegen vorgenommene Auflistung latenter Funktionen vollständig
ist oder nicht – so ließe sich etwa einwenden, dass bedürfnistheoretische Aspekte
wie Kompetenzerleben und Autonomie darin fehlen (vgl. Deci und Ryan 1985) –,
bleibt es ein großes Verdienst dieser Forschergruppe, auf die Funktionen hin-
gewiesen zu haben, die Arbeit jenseits der materiellen Existenzsicherung hat:
Sowohl die manifeste als auch die latenten Funktionen von Erwerbsarbeit sind
für den Menschen wichtig. Bei unfreiwilliger Erwerbslosigkeit gehen die Ein-
schränkungen dieser Funktionen mit Wohlbefindenseinbußen einher (vgl. Paul
und Batinic 2010; Selenko et al. 2011).

Diese zunächst sehr positive Sicht auf die Funktionen von Erwerbsarbeit darf
aber nicht vergessen lassen, dass nicht alle Erwerbstätigen mit ihrer Arbeitssituation zufrieden sind und sich ihren Bedürfnissen entsprechend entfalten oder
entwickeln können (Kap. 3). Nicht jede Arbeit mündet darüber hinaus in den
von Organisation, aber auch von Mitarbeitern/Mitarbeiterinnen gewünschten
Leistungsergebnissen (Kap. 2). Überdies kann es auch ein „Zuviel" an Arbeit
geben, vor allem dann, wenn die Qualität von Arbeit niedrig ist und die
Anforderungen dauerhaft zu hoch sind, sei es infolge inadäquater Qualifikation
(Kap. 5) oder auch durch zu kurze Erholungszeiten (vgl. auch Kap. 4).

7.2 Berufswahl und -entwicklung

In der Berufswahl gilt es, eine Passung zwischen Persönlichkeit bzw. Fähigkeiten und beruflichem Anforderungs- und Tätigkeitsprofil herzustellen. Der bekannteste Vertreter dieses differentialpsychologischen Matching-Ansatzes ist Holland (1973). In seinem RIASEC-Modell werden sowohl Tätigkeiten als auch Personen sechs Dimensionen zugeordnet:

- realistisch („realistic" = R),
- forschend („investigative" = I),
- künstlerisch („artistic" = A),
- sozial („social" = S),
- unternehmerisch („enterprising" = E) und
- konventionell („conventional" = C).

Personen mit einem als realistisch bezeichneten Interessensfokus („realistic") fühlen sich demnach in Tätigkeiten wohl, die Handgeschick erfordern und zu konkreten, sichtbaren Ergebnissen führen. Aufseiten der Tätigkeitsfelder bieten sich hier u. a. handwerkliche und technische Berufe an. Ein forschender Interessenfokus („investigative") meint, dass eine Person Aktivitäten bevorzugt, die es erlauben, Aufgaben und Probleme zu durchdenken und systematisch zu bearbeiten. Passend wären hier Forschungstätigkeiten z. B. im Bereich der Naturwissenschaften. Stehen künstlerische Interessen („artistic") im Vordergrund, bevorzugt eine Person eher unstrukturierte Situationen, die ihr viele Möglichkeiten für Kreativität, insbesondere im künstlerischen Sinne, bieten. Entsprechend fühlen sich solche Personen im kunsthandwerklichen Bereich oder auch in der darstellenden Kunst beruflich wohl. Sozial interessierte Personen („social") bevorzugen Tätigkeiten, bei denen sie unmittelbar mit anderen Menschen zu tun haben und diese unterstützen können. Erzieherische, beratende und pflegende Berufsfelder erleben sie als besonders passend. Unternehmerisch interessiert („enterprising") ist, wer es mag, andere Menschen zu führen und durch ihre Beeinflussung eigene Ideen umzusetzen. Solche Personen fühlen sich zu leitenden Positionen im Management oder zu Unternehmensgründungen hingezogen. Ein konventioneller Interessensfokus („conventional") beschreibt, dass eine Person es bevorzugt, regelhaften Tätigkeiten in wohldefinierten Situationen nachzugehen, die strukturierte Aufgabenstellungen umfassen. Berufe im administrativen Bereich erscheinen in diesem Fall besonders passend.

Bereits vielfach untersucht wurden Geschlechterunterschiede in den Interessenbereichen. Die stärksten Unterschiede finden sich bei den realistisch-technischen Interessen (höhere Werte bei Männern/männlichen Jugendlichen) auf der einen und den sozialen Interessen (höhere Werte bei Frauen/weiblichen Jugendlichen) auf der anderen Seite (vgl. zusammenfassend Hell 2015).

Die Interessensdiagnostik nach dem Holland-Modell beschränkt sich aber nicht auf die Betrachtung der Ausprägung in Einzeldimensionen, sondern umfasst die Ermittlung sog. Interessensprofile. Diese sind für Berufswahlentscheidungen durchaus relevant: So dürfte ein Profil ohne ausgeprägte Spitzen – sei es mit durchgängig niedrigen Werten oder mit durchgängig mittleren oder hohen Werten in allen Interessensdimensionen – in der Berufs- bzw. Studienfachwahlphase eine besondere Herausforderung darstellen.

Die aktive Auseinandersetzung mit eigenen Interessen, Fähigkeiten und beruflichen Optionen gehört zu den zentralen berufsbezogenen Entwicklungsaufgaben des Jugendalters. Nach intensiver selbst- und anforderungsbezogener Exploration ist es wahrscheinlicher, dass Jugendliche einen interessens- und fähigkeitsadäquaten Ausbildungs- bzw. Studienplatz finden (Kracke 2004). In dieser Explorationsphase können junge Menschen durch Beratungsangebote unterstützt werden. So stehen beispielsweise für die Beratungspraxis mit Jugendlichen auf dem Holland-Ansatz aufbauende Instrumente zur Verfügung. Beim EXPLORIX (Jörin et al. 2003) wird bestimmt, in welchen Interessensdimensionen die Person besonders hohe Werte hat. Anschließend kann eine Vorschlagsliste möglicher Berufe bereitgestellt und besprochen werden, die einem Berufsregister entstammt, das eine Kategorisierung der Berufe nach den RIASEC-Merkmalen beinhaltet.

Die Grundannahme des differentialpsychologischen Matching-Ansatzes ist, dass eine Passung zwischen Interessen bzw. Fähigkeiten der Person auf der einen Seite und beruflichen Anforderungen auf der anderen für eine optimale Berufswahl steht. Es darf aber nicht übersehen werden, dass die Passung nicht automatisch überdauernd ist, denn sowohl berufliche Interessen als auch Aufgaben können sich verändern. Insbesondere die sich über ein Berufsleben hinweg verändernden Anforderungen machen z. B. weit über die Ausbildungsphase hinausgehende Lernprozesse notwendig, um die nötigen Kenntnisse und Fertigkeiten zu erwerben bzw. auszubauen. Tatsächlich endet die Berufsentwicklung nicht mit einer ersten Festlegung auf einen einzelnen Ausbildungsberuf oder ein Studienfach. Neue berufliche Entwicklungsaufgaben stellen sich weiterhin mit dem Eintritt in eine Organisation, mit der Übernahme neuer Verantwortungsbereiche nach einigen Jahren der Berufserfahrung, mit freiwilligen oder unfreiwilligen Stellenwechseln oder in der Auseinandersetzung mit dem nahenden Übergang in den Ruhestand. Dass berufliche Laufbahnen mehr sind als die initiale Berufswahl, wurde zwar in den Lebensspannenmodellen bereits in den 1950er Jahren beschrieben (Super 1957), hat in den letzten Dekaden aber infolge der sich verändernden Altersstruktur der Bevölkerung (sog. demografischer Wandel) insbesondere mit Blick auf die angemessene Unterstützung älterer Beschäftigter verstärkte Aufmerksamkeit erfahren (Bal et al. 2015).

Menschen steuern ihre beruflichen Entwicklungsprozesse auch proaktiv selbst, indem sie sich zum Beispiel neue Aufgaben und Tätigkeitsfelder suchen. Im Zusammenhang mit der Darstellung zur Arbeitsmotivation (Kap. 3) wurde ja bereits auf Ziele als Analyseeinheit Bezug genommen, die sich in der arbeits- und organisationspsychologischen Forschung zunächst auf zugewiesene Aufgaben bezogen (Locke und Latham 2002). In der Forschung zur beruflichen Entwicklung werden hingegen insbesondere auch selbstgesetzte Ziele betrachtet. Bezugnehmend beispielsweise auf die Selbstregulationstheorie von Bandura (1991; Bandura und Locke 2003) lässt sich vermuten, dass wiederkehrende Phasen der berufsbezogenen Zielsetzung, -verfolgung und Ergebnisreflexion wichtige Treiber der persönlichen Entwicklung darstellen. Mit Bezugnahme auf die Zielsetzungstheorie von Locke und Latham (2002) lässt sich nun fragen, ob sich die günstigen Auswirkungen von herausfordernd und spezifisch formulierten Zielen auf Erfolgskriterien auch auf selbstgesetzte Ziele übertragen lassen. Für die Funktionalität herausfordernder Zielsetzung spricht bei selbstgewählten beruflichen Projekten eine Längsschnittstudie von Wiese und Freund (2005): Diejenigen, die ihre Karriereziele zum ersten Befragungszeitpunkt als besonders schwierig eingestuft hatten, waren bei Annäherung bzw. Erreichen dieser Ziele zum zweiten Befragungszeitpunkt (3 Jahre später) deutlich zufriedener als diejenigen, die ihre Ziele von vornherein als weniger anspruchsvoll charakterisiert hatten. Für die Spezität selbstgesetzter Ziele gilt vermutlich, dass diese ebenfalls adaptiv sein könnte. Dies unterstützen z. B. Befunde von Gollwitzer (1993) zu sog. Implementierungsabsichten: Die darin formulierten Wenn-Dann-Regeln lassen es wahrscheinlicher werden, dass Vorhaben tatsächlich in die Tat umgesetzt werden. Allerdings ist darüber hinaus auch anzustreben, dass sich aktuelle konkrete Vorhaben auf die längerfristigen Ziele und überdauernden Motive sowie Bedürfnisse einer Person beziehen lassen.

Im Folgenden wird exemplarisch auf die Herausforderungen und Bewältigungsstrategien im Rahmen des Organisationseintritts eingegangen, da diese Phase alle Erwerbstätigen zumindest einmal, viele Erwerbstätige aber auch – infolge freiwilliger oder unfreiwilliger Stellenwechsel – mehrmals durchlaufen.

Organisationale Sozialisation als Entwicklungsaufgabe

Mit dem Eintritt in eine Organisation – sei es als Berufsanfänger oder durch Wechsel zu späteren Zeitpunkten in der Berufslaufbahn – beginnt eine Phase der beruflichen Sozialisation, an der verschiedene Akteure mitwirken.

▶ **Definition** „Unter der **Organisationalen Sozialisation** versteht man den Lernprozess, bei dem Fertigkeiten, Fähigkeiten, Einstellungen und soziale Normen in der Auseinandersetzung mit der Arbeitstätigkeit erworben werden." (Maier und Rappensberger 1999, S. 50; Hervorhebung durch die Autorinnen).

Erfolgreiche organisationale Sozialisation lässt sich an verschiedenen Kriterien ablesen, von denen einige eher proximaler und andere eher distalerer Art sind (vgl. zusammenfassend Abb. 7.1). Zu den proximalen Kriterien zählen z. B. Rollenklarheit und die Kenntnis der expliziten und impliziten Regeln einer Organisation. Bei den distaleren Ergebnissen lassen sich u. a. organisationales Commitment und Arbeitszufriedenheit nennen. Das organisationale Commitment kann dabei in affektives, normatives und kalkulatorisches Commitment unterteilt

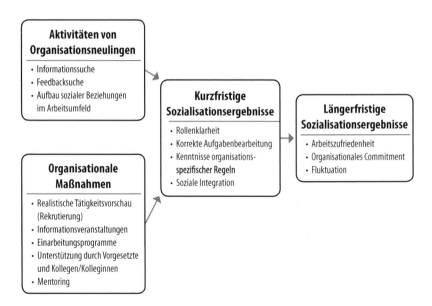

Abb. 7.1 Prozessmodell der organisationalen Sozialisation. (Nach Bauer und Erdogan 2011, mit freundlicher Genehmigung der APA; Wiese und Knecht 2015)

werden (vgl. Meyer et al. 2002). Das affektive Commitment beschreibt – neben dem Wunsch, in der Organisation zu bleiben – eine hohe Identifikation mit den Normen und Werten einer Organisation und die Bereitschaft, sich für das Unternehmen zu engagieren. Die Absicht, im Unternehmen zu bleiben, ist auch für das normative und kalkulatorische Commitment kennzeichnend, dort aber als Ausdruck einer moralischen Verpflichtung bzw. als Ergebnis einer rationalen Kosten-Nutzen-Abwägung zu verstehen. Einer Metaanalyse folgend korreliert von den drei genannten Commitmentarten das affektive Commitment besonders stark mit der beruflichen Zufriedenheit und mit einer hohen Identifikation mit der Tätigkeit (Meyer et al. 2002), also mit weiteren Kriterien, die zur Bewertung einer gelungenen organisationalen Sozialisation herangezogen werden können. Dies trifft in geringerem Umfang auch auf das normative Commitment, aber nicht auf das kalkulatorische Commitment zu.

Es ist davon auszugehen, dass die proximalen Sozialisationsergebnisse die Grundlage für die distaleren bilden. Insofern sollten sich gezielte Aktivitäten von Organisationen und Organisationsneulingen auf diese proximalen Ergebnisse beziehen. Maßnahmen der Organisation können hier beispielsweise Informationsveranstaltungen, Schulungen, Einladung zum geselligen Beisammensein und die Zuweisung von Mentoren/Mentorinnen sein. Tatsächlich lassen sich die Weichen für eine erfolgreiche Sozialisation neuer Beschäftigter aber auch bereits während der Personalauswahlphase stellen: Es empfiehlt sich, Bewerbern/Bewerberinnen klar die zukünftigen Aufgaben und Erwartungen zu beschreiben sowie die Rahmenbedingungen zu schildern, unter denen sie tätig sein werden.

Die Person, die neu in eine Organisation eintritt, kann den eigenen Sozialisationserfolg u. a. durch gezielte Informationssuche über Arbeitsabläufe und Erwartungen anderer, die Bitte um Feedback, die Teilnahme am gesellschaftlichen Leben der Organisation, die informelle Kontaktsuche zu den neuen Kollegen/Kolleginnen und die Übernahme von freiwilligen Aufgaben befördern. Dass diese aktiven Sozialisationsstrategien in positiver Beziehung zum Einleben in die Organisation und zur Zufriedenheit neuer Beschäftigter stehen, konnte in verschiedenen Studien gezeigt werden (vgl. Bauer et al. 2007). Abb. 7.1 fasst wichtige Komponenten des Sozialisationsprozesses zusammen. Noch unerforscht ist, wie sich eine zusehends digitalisierte Arbeitsumgebung auf organisationale Sozialisationsprozesse auswirkt.

Organisationale Sozialisation bei Stellenstart ist nur *eine* ausgewählte Phase, in der Anforderungen des Erwerbslebens sich nachhaltig auf eine Person und ihre Einstellungen, Werte und Fertigkeiten auswirken. So gibt es beispielsweise Hinweise darauf, dass Handlungsspielräume und Aufgabenkomplexität zu den Arbeitsmerkmalen gehören, die Extraversion und Selbstvertrauen in die eigenen Fähigkeiten stärken (vgl. Arling und Wiese 2014).

Einbettung beruflicher Entwicklung in den familiären Lebenskontext
Individuelle berufliche Entwicklungsprozesse und insbesondere berufliche Transitionen betreffen nicht nur die Person selbst, sondern auch ihr familiäres Umfeld. So kann die Berufstätigkeit der Eltern den Alltag der Kinder mitbestimmen und auch die beruflichen Idealvorstellungen, die Jugendliche entwickeln (vgl. Wiese und Arling 2015). Nimmt ein Partner eine Stelle in einer anderen Stadt an und pendelt fortan weite Strecken zwischen Wohnort und Arbeitsstätte, hat dieser ggf. weniger Zeit für die Familie. Im Kapitel zu Belastung und Beanspruchung (Kap. 4) wurde bereits darauf eingegangen, dass Anforderungen aus verschiedenen Lebensbereichen im Alltag bisweilen unvereinbar sind, und darauf, dass solche Konflikte Erschöpfungszustände verursachen können (z. B. Demerouti et al. 2004). Aus einer berufsbiografischen Perspektive lassen sich solche Konflikte ebenfalls betrachten und zwar sowohl im Sinne der wahrgenommenen Unvereinbarkeit von längerfristigen Zielsetzungen (z. B. Wunsch nach einer eigenen Familie mit mehreren Kindern, Wunsch nach schnellem beruflichen Aufstieg) als auch z. B. im Sinne der aus einer geringen Vereinbarkeit im Alltag resultierenden berufsbiografischen Zäsuren. So berichten Grandey und Cropanzano (1999), dass sich bei hohen Beruf-Familie-Konflikten, vermittelt über das Gefühl der beruflichen Unzufriedenheit und Überforderung, zusehends Wechselabsichten einstellen.

Beruflicher Aus- und Wiedereinstieg in der Familiengründungsphase
Insbesondere die Geburt eines Kindes stellt ein Ereignis dar, das zahlreiche Veränderungen für die neuen Eltern mit sich bringt und nicht bloß Einfluss auf die familiäre Situation hat, sondern durchaus auch die berufliche Situation von erwerbstätigen Frauen und Männern betrifft. In der Regel unterbrechen erwerbstätige Frauen nach der Geburt eines Kindes für einige Zeit ihre Erwerbstätigkeit und kehren dann wieder ins Erwerbsleben zurück. Väter setzen sehr viel seltener aus familienbedingten Gründen beruflich aus und mehrheitlich deutlich kürzer als Mütter. Des Weiteren reduzieren viele Mütter nach dem beruflichen Wiedereinstieg ihre Arbeitsstunden und arbeiten in Teilzeit (Statistisches Bundesamt 2017). Die meisten Väter hingegen setzen ihre Erwerbstätigkeit nach der Geburt eines Kindes in Vollzeit fort. Besonders Doppelverdienerpaare stehen vor der Herausforderung, ihr Berufs- und Familienleben so miteinander zu koordinieren, dass beide sowohl ihren beruflichen als auch ihren familiären Verpflichtungen gerecht werden. Strukturelle Einflüsse auf Elternzeitentscheidungen sind nicht zu vernachlässigen: Beispielsweise kann ein geringes Einkommen zu finanziellem Druck führen, sodass man sich gezwungen fühlt zu arbeiten, auch wenn der Wunsch besteht, sich mehr Zeit für die Familie zu nehmen. Andererseits kann

es auch vorkommen, dass weniger gearbeitet wird als gewünscht, wenn etwa Kinderbetreuungsmöglichkeiten nicht in ausreichendem Maß vorhanden sind.

Neben Kontexteinflüssen spielen insbesondere auch Einstellungen und Werte eine wichtige Rolle bei beruflichen und familiären Entscheidungen von Eltern. Studien bestätigen beispielsweise Zusammenhänge zwischen individuellen Einstellungen von Müttern und Vätern zur Rolle des Mannes und zur Frau in Beruf und Familie und dem eigenen Verhalten: Mütter mit traditionellen Einstellungen zu Geschlechterrollen unterbrechen ihre Erwerbstätigkeit nach der Geburt eines Kindes und reduzierten ihre Arbeitsstunden in einem stärkeren Ausmaß als Frauen mit weniger traditionellen Einstellungen (Glass und Riley 1998; Sanchez und Thomson 1997; Schober und Scott 2012). Väter mit weniger traditionellen Einstellungen nehmen eher eine Auszeit in Anspruch und setzen länger aus als Väter mit traditionelleren Einstellungen (Duvander 2014; Vogt und Pull 2010). Zudem zeigt sich, dass Vaterschaft bei Männern mit gleichberechtigteren Einstellungen zu einer Reduktion von Arbeitsstunden führt, bei traditionell eingestellten Männern hingegen zu einer Steigerung (Kaufman und Uhlenberg 2000). Neuere Studien bestätigen überdies die wechselseitige Beeinflussung von Lebenspartnern. So wurde in einer längsschnittlichen Studie mit (werdenden) Eltern von Stertz et al. (2017) gezeigt, dass die Geschlechterrollenvorstellungen des Partners für Frauen eine maßgebliche, über die eigenen Einstellungen hinausreichende prädiktive Rolle für die beruflichen Entscheidungen nach der Geburt eines Kindes spielen. Mütter mit traditionell eingestellten Partnern nahmen längere berufliche Auszeiten, Frauen mit gleichberechtigt eingestellten Partnern vergleichsweise kürzere. Zudem reduzierten Frauen mit traditionelleren Partnern ihre Arbeitsstunden bei der Rückkehr in die Erwerbstätigkeit deutlicher als Frauen mit weniger traditionellen Einstellungen. Väter hingegen trafen ihre Entscheidungen hinsichtlich beruflicher Auszeit und Arbeitszeitanpassung unabhängiger. Sie ließen sich nicht durch die Präferenzen ihrer Partnerinnen beeinflussen.

Neben der Entscheidung einer Auszeit ist im weiteren Entwicklungsprozess von Eltern in dieser Lebensphase auch die Frage nach einem geglückten Wiedereinstieg relevant. Wegen der nach wie vor längeren Auszeiten von Müttern sind vor allem diese mit den diesbezüglichen Herausforderungen konfrontiert: Das Familienleben muss neu organisiert werden (z. B. Kinderbetreuung), man muss sich wieder an die Situation am Arbeitsplatz und fachliche Anforderungen gewöhnen. Selbst bei Rückkehr zum früheren Arbeitgeber ist es möglich, dass sich die Organisation während der Auszeit verändert hat (z. B. hinsichtlich der Teamzusammensetzung), was Anpassungen erforderlich macht. Im Rahmen eines in Deutschland und der Schweiz durchgeführten längsschnittlichen Projekts wurden Determinanten einer erfolgreichen Berufsrückkehr von Müttern nach einer familienbedingten Auszeit untersucht. Es konnte u. a. gezeigt werden, dass Mütter in den ersten Wochen und Monaten nach dem Wiedereinstieg von einer zunehmenden Anpassung an die Erwerbssituation berichteten und dass sich Selbstwirksamkeitsüberzeugungen und konkrete Strategien der Zielsetzung und -verfolgung positiv auf die Anpassungsergebnisse auswirkten (Wiese und Heidemeier 2012). Während in den Analysen von Wiese und Heidemeier (2012) traditionelle Sozialisationskriterien der sozialen Integration und Aufgabenbearbeitung sowie des Organisationsverständnisses im Vordergrund standen, betrachteten Wiese und Ritter (2012) für eine Teilstichprobe im Rahmen einer Tagebucherhebung das alltägliche Bedauern der Rückkehrentscheidung als ein weiteres Anpassungskriterium in den ersten zwei Wochen nach Wiedereinstieg. Mit Blick auf das tägliche Bedauern der Berufsrückkehr zeigte sich u. a., dass die Berufsrückkehr an Tagen starker familiärer Beanspruchung eher bedauert wurde. Hinsichtlich der Länge der Auszeit ergab sich, dass Frauen, die vergleichsweise früh nach der Geburt des Kindes ins Erwerbsleben zurückgekehrt waren, diese Entscheidung im Alltag stärker bedauerten als Frauen, die längere Auszeiten genommen hatten. Das Bedauern selbst sagte außerdem ungünstige längerfristige Sozialisationsergebnisse vorher, nämlich ein verringertes affektives organisationales Commitment, Wechselabsichten und den Wunsch, weniger zu arbeiten.

Zusammenfassung

Ein Beruf stellt eine in der Regel dauerhaft ausgeübte Tätigkeit dar, der für die persönliche Identität eine wichtige Rolle zukommt. Erwerbstätigkeit erfüllt dabei unterschiedliche Funktionen. So geht es einerseits um die Sicherung des Lebensunterhaltes, aber auch um stärker psychologische Funktionen (z. B. Zeitstrukturierung, Sinnstiftung). Die Berufswahl zielt darauf ab, eine Passung zwischen Persönlichkeit bzw. Fähigkeit und beruflichem Anforderungs- und Tätigkeitsprofil herzustellen. Bei der Wahl eines Ausbildungsberufs oder Studiums können Jugendliche durch explorationsfördernde Beratungsangebote unterstützt werden. Beim Eintritt in eine Organisation startet eine Phase der beruflichen Sozialisation. Deren geglückter Ablauf lässt sich an unterschiedlichen Kriterien erkennen (z. B. Rollenklarheit, organisationales Commitment). Durch gezielte Aktivitäten wie Informationssuche zu Arbeitsabläufen oder der Teilnahme am gesellschaftlichen Leben kann ein Organisationsneuling selbst zu einer erfolgreichen Sozialisation beitragen. Aber auch Organisationen können mit Aktivitäten wie Mentoring-Programmen oder Informationsveranstaltungen unterstützend tätig werden. Nach der Berufswahl und einem

ersten Eintritt ins Erwerbsleben stellen sich immer wieder neue Entwicklungsaufgaben (z. B. berufliche Wechsel, Übergang in den Ruhestand). Berufliche
Entwicklungsprozesse betreffen dabei nicht nur die Person selbst, sondern auch
ihr familiäres Umfeld (z. B. Entscheidungen in Zusammenhang mit beruflichen
Auszeiten nach der Geburt eines Kindes).

Literatur

Arling, V. & Wiese, B. S. (2014). Arbeit und Persönlichkeitsentwicklung. In J. Klein-Heß-
ling & D. Krause (Hrsg.), *Psychologische Gesundheit in der Arbeitswelt* (S. 51–63).
Heidelberg: medhochzwei.

Bal, P. M., Kooij, D. T. A. M. & Rousseau, D. (Hrsg.). (2015). *Aging workers and the emp-
loyee-employer relationship*. New York: Springer.

Bandura, A. (1991). Social cognitive theory of self-regulation. *Organizational Behavior
and Human Decision Processes, 50,* 248–287.

Bandura, A. & Locke, E. A. (2003). Negative self-efficacy and goal effects revisited. *Journal of Applied Psychology, 88,* 87–99.

Bauer, T. N. & Erdogan, B. (2011). Organizational socialization: The effective onboarding
of new employees. In S. Zedeck, H. Aguinis, W. Cascio, M. Gelfand, K. Leung, S. Parker
& J. Zhou (Hrsg.), *APA Handbook of Industrial and Organizational Psychology* (Bd. 3,
S. 51–64). Washington: APA Press.

Bauer, T. N., Bodner, T., Erdogan, B., Truxillo, D. M. & Tucker, J. S. (2007). Newcomer
adjustment during organizational socialization: A meta-analytic review of antecedents,
outcomes and methods. *Journal of Applied Psychology, 92,* 707–721.

Deci, E. & Ryan, R. M. (1985). *Intrinsic motivation and self-determination in human behavior*. New York: Plenum.

Demerouti, E., Bakker, A. B. & Bulters, A. J. (2004). The loss spiral of work pressure,
work-home interference and exhaustion: Reciprocal relations in a three-wave study.
Journal of Vocational Behavior, 64, 131–149.

Duvander, A. Z. (2014). How long should parental leave be? Attitudes to gender equality,
family, and work as determinants of women's and men's parental leave in Sweden.
Journal of Family Issues, 35, 909–926.

Glass, J. L. & Riley, L. (1998). Family responsive policies and employee retention follo-
wing childbirth. *Social Forces, 76,* 1401–1435.

Gollwitzer, P. M. (1993). Goal achievement: The role of intentions. *European Review of
Social Psychology, 4,* 141–185.

Grandey, A. A. & Cropanzano, R. (1999). The conservation of resources model applied to
work-family conflict and strain. *Journal of Vocational Behavior, 54,* 350–370.

Hell, B. (2015). Geschlechtsdifferenzen im Bereich der beruflichen Interessen: Ausmaß,
Ursachen und Konsequenzen für die Testentwicklung. In C. Tarnai & F. G. Hartmann
(Hrsg.), *Berufliche Interessen. Beiträge zur Theorie von J. L. Holland* (S. 31–43).
Münster: Waxmann.

Holland, J. L. (1973). *Making vocational choices: A theory of careers.* Englewood Cliffs, NJ: Prentice-Hall.

Jahoda, M. (1983). *Wieviel Arbeit braucht der Mensch? Arbeit und Arbeitslosigkeit im 20. Jahrhundert.* Weinheim: Beltz.

Jahoda, M., Lazarsfeld, P. F. & Zeisel, H. (1975). *Die Arbeitslosen von Marienthal – Ein soziographischer Versuch über die Wirkungen langandauernder Arbeitslosigkeit.* Frankfurt a. M.: Suhrkamp.

Jörin, S., Stoll, F., Bergmann, Ch. & Eder, F. (2003). *Explorix – das Werkzeug zur Berufswahl und Laufbahnberatung.* Bern: Huber.

Kaufman, G. & Uhlenberg, P. (2000). The influence of parenthood on the work effort of married men and women. *Social Forces, 78,* 931–949.

Kracke, B. (2004). Berufsbezogene Entwicklungsregulation im Jugendalter. In B. S. Wiese (Hrsg.), *Individuelle Steuerung beruflicher Entwicklung* (S. 35–60). Frankfurt a. M.: Campus.

Locke, E. A. & Latham, G. P. (2002). Building a practically useful theory of goal setting and task motivation: A 35-year odyssey. *American Psychologist, 57,* 705–717.

Maier, G. W. & Rappensperger, G. (1999). Eintritt, Verbleib und Aufstieg in Organisationen. In C. Graf Hoyos & D. Frey (Hrsg.), *Arbeits- und Organisationspsychologie. Ein Lehrbuch* (S. 50–63). Weinheim: Beltz & Psychologie Verlags Union.

Meyer, J. P., Stanley, D. J., Herscovitch, L. & Topolnytsky, L. (2002). Affective, continuance, and normative commitment to the organization. *Journal of Vocational Behavior, 61,* 20–52.

Paul, K. I. & Batinic, B. (2010). The need for work: Jahoda's latent functions of employment in a representative sample of the German population. *Journal of Organizational Behavior, 31,* 45–64.

Sanchez, L. & Thomson, E. (1997). Becoming mothers and fathers: Parenthood, gender and the division of labor. *Gender and Society, 11,* 747–772.

Schober, P. & Scott, J. (2012). Maternal employment and gender role attitudes: Dissonance among British men and women in the transition to parenthood. *Work, Employment and Society, 26,* 514–530.

Selenko, E., Batinic, B. & Paul, K. I. (2011). Does latent deprivation lead to psychological distress? Investigating Jahoda's model in a four-wave study. *Journal of Occupational and Organizational Psychology, 84,* 723–740.

Statistisches Bundesamt. (2017). *Kinderlosigkeit, Geburten und Familien. Ergebnisse des Mikrozensus.* Wiesbaden: Statistisches Bundesamt. https://www.destatis.de/DE/Presse-Service/Presse/Pressekonferenzen/2017/Mikrozensus_2017/Pressebroschuere_Mikrozensus_2017.pdf?__blob=publicationFile.

Stertz, A. M., Grether, T. & Wiese, B. S. (2017). Gender-role attitudes and parental work decisions after childbirth: A longitudinal dyadic perspective with dual-earner couples. *Journal of Vocational Behavior, 101,* 104–118.

Super, D. E. (1957). *Psychology and careers.* New York: Harper & Row.

Vogt, A. C. & Pull, K. (2010). Warum Väter ihre Erwerbstätigkeit (nicht) unterbrechen: Mikroökonomische versus in der Persönlichkeit des Vaters begründete Determinanten der Inanspruchnahme von Elternzeit durch Väter. *Zeitschrift für Personalforschung, 24,* 48–68.

Wiese, B. S. & Arling, V. (2015). Erwerbstätigkeit und Familie. In P. B. Hill & J. Kopp (Hrsg.), *Handbuch Familiensoziologie* (S. 641–673). Wiesbaden: Springer.

Wiese, B. S. & Freund, A. M. (2005). Goal progress makes one happy, or does it? Longitudinal findings from the work domain. *Journal of Occupational and Organizational Psychology, 78,* 287–304.

Wiese, B. S. & Heidemeier, H. (2012). Successful return to work after maternity leave: Self-regulatory and contextual influences. *Research in Human Development, 9,* 317–336.

Wiese, B. S. & Knecht, M. (2015). Socialization into organizations and balancing work and family. In J. Vuori, R. Blonk & R. Price (Hrsg.), *Sustainable working lives – Managing work transitions and health throughout the life course* (S. 87–105). Dordrecht, NL: Springer.

Wiese, B. S. & Ritter, J. O. (2012). Timing matters: Length of leave and working mothers' daily re-entry regrets. *Developmental Psychology, 48,* 1798–1807.

Ein Blick in die Zukunft

8

Ein Blick in die Zukunft der Arbeitspsychologie und Organisationspsychologie ist einerseits eng verwoben mit aktuellen Entwicklungen in der Arbeitswelt, andererseits mit Entwicklungen in verschiedenen anderen Gebieten der Psychologie bzw. in den empirischen Wissenschaften.

Trends in der Arbeitswelt

Eine interessante Quelle zur Sicht von Experten/Expertinnen auf aktuelle, für die Arbeits- und Organisationspsychologie interessante **Trends in der Arbeitswelt** stellt die jährliche Mitgliederbefragung der Society for Industrial and Organizational Psychology (SIOP) dar. Diese ist eine akademische Fachgesellschaft mit weltweit mehr als 8000 Mitgliedern, die im Bereich der arbeits- und organisationspsychologischen Forschung, Lehre und Praxisanwendung tätig sind. Für die Jahre 2016 (http://www.siop.org/article_view.aspx?article=1467), 2017 (http://www.siop.org/article_view.aspx?article=1610) und 2018 (http://www.siop.org/article_view.aspx?article=1766) wurden dabei die in Tab. 8.1 dargestellten Trends ermittelt.

Viele der dargestellten Trends drehen sich hier um ähnliche Themen und scheinen über die Jahre hinweg von Experten und Expertinnen als Herausforderungen in der Arbeitswelt wahrgenommenen zu werden. Selten verschwinden Themen von einem Jahr aufs andere ganz von der Trendliste. Ganz klar spielen verschiedenste Formen der Einflüsse moderner Informationstechnologien und der Nutzung großer Datenmengen eine bedeutsame Rolle. Da technologische Entwicklungen in recht hohem Innovationstempo stattfinden, gibt es hier auch immer wieder neue Herausforderungen und Fragen (vor allem rund um das Thema „Big Data"). Auch die Flexibilität von Prozessen und Arbeitsanforderungen sowie verschiedene Aspekte des Diversitätsmanagements werden in den letzten 3 Jahren durchgängig benannt.

© Springer-Verlag GmbH Deutschland, ein Teil von Springer Nature 2019
B. S. Wiese und A. M. Stertz, *Arbeits- und Organisationspsychologie,
Was ist eigentlich …?*, https://doi.org/10.1007/978-3-662-58056-1_8

Tab. 8.1 Trends in der Arbeitswelt laut SIOP-Mitgliederbefragungen aus den Jahren 2016, 2017 und 2018

Rang	2016	2017	2018
1	Nutzung von Big Data zur Verbesserung von Geschäftsprozessen	Veränderungen im Leistungsmanagement	Sexuelle Belästigung am Arbeitsplatz
2	Veränderungen der Arbeitswelt durch Technologieentwicklung	Effektive Anpassung an Veränderungen	Diversität, Inklusion und Fairness/ Gleichbehandlung
3	Virtuelle Teams managen	Nutzung von Big Data für datenbasierte Entscheidungsprozesse	Work-Life Balance, Interventionen und Wohlbefinden von Beschäftigten
4	Leistungsmanagement in Organisationen	Algorithmennutzung im Personalmanagement („people analytics")	Künstliche Intelligenz und Maschinenlernen in Arbeitsumwelten
5	Besondere Einsatzbereitschaft der Beschäftigten	Flexibilisierung und Arbeitsgestaltung	Flexibilisierung und neue Technologien am Arbeitsplatz
6	Gesundheit und Wohlbefinden am Arbeitsplatz	Veränderungen durch neue Beschäftigungskohorten (z. B. „Generation Y" und Technologien)	Algorithmen in der Personaldiagnostik und -auswahl („people analytics")
7	Agilität und Flexibilität in Arbeits- und Geschäftsprozessen	Einbezug der Sicht und Meinung von Beschäftigten (u. a. bei Innovationsprozessen)	Führungskräfteentwicklung
8	Generationsübergreifende Work-Life-Balance	Diversität und Inklusion	Personalmanagement der „Generation Y"
9	Aufbau gesunder und diverser Belegschaften	Integration von Daten aus unterschiedlichen Quellen, Systemen/Organisationen und Prozessen	Automatisierung von Berufen und Tätigkeiten
10	Nutzung sozialer Medien für Personalmarketing und -auswahl	Gesundheit und Wohlbefinden der Beschäftigten	Gig Economy (Wirtschaftsform mit freiberuflichen Tätigkeiten in Form kleiner, kurzfristiger Aufträge)

Schließlich ist ersichtlich, dass die Gesundheit und das Wohlbefinden der Belegschaft, inklusive Fragen der Work-Life-Balance, seit Jahren als Trendthema gelten. Die SIOP-Mitgliederumfrage bezieht sich auf Trends in der Arbeitswelt, nicht auf **Trends in der Forschung**. Es lässt sich aber selbstverständlich fragen, inwiefern sich Trends als anwendungsbezogene Forschungsgegenstände der akademischen Arbeits- und Organisationspsychologie wiederfinden. Hier ist zu bedenken, dass Forschung Zeit braucht. Fragestellungen müssen präzisiert, Studiendesigns entworfen, Daten gesammelt und ausgewertet werden. Manches Ergebnis mag dann zwar noch recht zeitnah als Vortrag auf einer Konferenz präsentiert werden. Es können aber Jahre vergehen bis Fachartikel über solche Befunde erscheinen, denn solche Publikationen müssen üblicherweise zunächst Begutachtungsprozesse in Fachzeitschriften und darauf aufbauende Revisionsrunden erfolgreich durchlaufen haben. Auch haben Wissenschaftler/-innen typischerweise über lange Zeit einen eigenen Expertisebereich aufgebaut und sind nicht unbedingt gewillt, einem Trend „hinterherzulaufen". Allerdings bewegt sich die Arbeits- und Organisationspsychologie zweifellos in einem Gebiet der Forschung, das Praxisakteure aus Wirtschaft und Politik erwarten lässt, gerade von den Vertretern/Vertreterinnen dieses Faches Antworten zu erhalten. Um Forschung zu aktuellen Trends zu initiieren, unterhalten verschiedene Länder Ressortforschungseinrichtungen, in denen auch Arbeits- und Organisationspsychologen/-psychologinnen wissenschaftlich tätig sind oder Forschungsprogramme als Drittmittelprojekte aufgesetzt werden, so dass an Universitäten arbeitende Psychologen/Psychologinnen sich um entsprechende Forschungsgelder bewerben können. In Deutschland ist z. B. die Bundesanstalt für Arbeitsschutz und Arbeitsmedizin (BAuA) eine Ressortforschungseinrichtung des Bundes, welche auf Fragen einer sicheren und gesunden Arbeitswelt spezialisiert ist, und verschiedenen Ministerien (z. B. Bundesministerium für Bildung und Forschung) des Bundes schreiben seit einigen Jahren Forschungsprogramme zur Fragen der Technologisierung von Lern- und Arbeitsumwelten aus. Auch Universitäten selbst setzen durch intern vergebene Forschungsmittel Anreize für Wissenschaftler/-innen, sich mit entsprechenden Themen zu befassen. Dass dabei häufig auch zugleich eine interdisziplinäre Perspektive angedacht ist, überrascht nicht. Insbesondere die Zusammenarbeit von IT-fokussierenden und sozial- bzw. geisteswissenschaftlichen Fächern erscheint dabei eine themenbedingte Notwendigkeit, ist aber u. a. aufgrund fachspezifischer Sozialisationen und Wissenschaftstraditionen alles andere als einfach (Bromme 2000).

Wissenschaftsethische und forschungspraktische Herausforderungen
Aktuelle wissenschaftsethische und forschungspraktische Herausforderungen
betreffen selbstverständlich auch die Arbeits- und Organisationspsychologie (z. B.
wissenschaftliches Fehlverhalten, Replizierbarkeit von Befunden, Open Science;
Deutsche Forschungsgemeinschaft 2015). Diese Teildisziplin hat sich ebenfalls
z. B. der **Replikationsdebatte** zu stellen (Open Science Collaboration 2015). In
den letzten Jahren wird sowohl in der Öffentlichkeit als auch in wissenschaftlichen Fachgesellschaften der Notwendigkeit der wiederholten Durchführung von
Studien zur nachhaltigen Bestätigung von Forschungsannahmen große Aufmerksamkeit geschenkt. Dies betrifft nicht allein die Psychologie, sondern auch andere
empirisch arbeitende Wissenschaften wie z. B. die Wirtschaftswissenschaften oder
die Soziologie. Die Arbeits- und Organisationspsychologie hat sich durch die in
dieser Anwendungsdisziplin recht weit verbreitete Anwendung von Metaanalysen schon seit Langem nicht mehr damit zufrieden gegeben, auf ein einzelnes
Forschungsergebnis zu einer bestimmten Annahme zu vertrauen. Nichtsdestotrotz liegen auch in der Arbeits- und Organisationspsychologie zahlreiche Publikation zu einzelnen Fragen und Zusammenhängen vor, die noch nicht repliziert
worden sind. Hier gilt wie in anderen Disziplinen, dass es schwierig ist, eine
reine Replikationsstudie in einer anerkannten wissenschaftlichen Zeitschrift zu
publizieren, da Gutachter/-innen fast reflexartig die mangelnde Innovation einer
entsprechenden Arbeit monieren. Die praktische Umsatzbarkeit von Replikationsstudien ist außerdem immer dann besonders schwierig, wenn Kontexteinflüsse zu
erwarten sind, die zeitlichen Veränderungen unterliegen. Dies ist insbesondere
bei arbeits- und organisationspsychologischen Feldstudien zu erwarten. So können sich z. B. gesetzgeberische Maßnahmen oder konjunkturelle Faktoren auf
persönliche Ziele und Entscheidungen auswirken (z. B. Veränderungen von
Elternzeitregelungen oder Arbeitslosenquoten in dem Land, in dem eine Studie
durchgeführt wurde). Wurde weiterhin ein Befund erstmals auf Basis einer Untersuchung in einem spezifischen Unternehmen festgestellt, ist nicht nur fraglich, ob
die Rahmenbedingungen in diesem Unternehmen gleich geblieben sind, sondern
auch, ob das Unternehmen bereit wäre, eine identische Studie ein weiteres Mal zu
unterstützen.

Daneben spielt insbesondere das Thema **Datenschutz** in der arbeits- und
organisationspsychologischen Forschung eine herausragende Rolle. Dies ist darin
begründet, dass Studienteilnehmer/-innen zu einem großen Teil erwerbstätig sind
und Faktoren rund um die Erwerbstätigkeit per definitionem bei den Forschungsfragen im Vordergrund stehen. Dazu zählen beispielsweise die Position
(Führungskraft vs. Mitarbeiter/-in), das Gehalt, die Zufriedenheit mit der aktuellen Tätigkeit oder Unternehmensleitung etc. In Deutschland ist hier seit Jahren
bei Untersuchungen in Unternehmen der Betriebsrat ein Entscheidungsgremium,

das dafür Sorge trägt, dass Befragte, die solche sensiblen Angaben machen, nicht persönlich identifizierbar sind. Aber auch in Studien, die nicht in Betrieben durchgeführt werden, muss sorgfältig darauf geachtet werden, dass Forscher/-innen, die mit solchen Personendaten arbeiten, die Daten nicht ungefragt an Dritte weitergeben und bei Publikationen dafür sorgen, das Rückschlüsse auf Einzelpersonen nicht möglich sind. Verbleiben die Daten allein bei der Projektleitung einer Primärstudie, kann man dieser Anforderung sicher gerecht werden. Als sehr viel schwierigere Herausforderung stellt sie sich jedoch dann dar, wenn der durchaus berechtigten **Open Science**-Forderung nach Bereitstellung der Daten für die Überprüfung von statistischen Datenanalysen bei Zeitschriften Folge geleistet wird. Ebenso herausfordernd ist die Übergabe von Originaldatensätzen an ein Forschungsdatenzentrum zum Zwecke der Nachnutzung durch andere Wissenschaftler/-innen. In einer Studie zum Berufserfolg von Jungwissenschaftlern/Jungwissenschaftlerinnen aus den Naturwissenschaften könnte z. B. ein Erfolgskriterium die Übernahme eine Professur darstellen. Wenn nun gleichzeitig Fachgebiet (z. B. Theoretische Mathematik), Abschlussjahr der Promotion und Geschlecht im Datensatz enthalten sind, könnte eine betreffende Person über Homepages von Universitäten, auf denen Lebensläufe und Forschungsschwerpunkte der Mitarbeiter/-innen veröffentlicht sind, relativ leicht ermittelbar sein, auch wenn im Datensatz selbst kein Name steht. Deshalb ist vor der Übergabe von Datensätzen an Forschungsdatenzentren eine Vergröberung der Daten zu vollziehen, sodass Rückschlüsse durch Informationskombinationen der oben darstellten Art nicht möglich sind.

Eine weitere wichtige aktuelle Forderung zur Sicherung wissenschaftlicher Praxis ist die **Präregistrierung** von Studien, welche in der Forschungspraxis noch nicht allzu verbreitet ist und in unterschiedlichen Detailgraden vollzogen wird. Mit Präregistrierung ist gemeint, dass noch vor einer Datenerhebung eindeutige Informationen zu folgenden Punkten hinterlegt werden: Fragestellung (ggf. gerichtete Hypothesen), Stichprobe (Größe, ggf. weitere Merkmale), Studiendesign (z. B. Anzahl und Art von Experimental-/Kontrollbedingungen, Anzahl und Abstand von Messzeitpunkten), Messmethoden und -instrumente (z. B. Selbstauskunftsfragebogen, biologische Marker), Art der statistischen Datenanalyse. Eine solche Präregistrierung, die z. B. über das Netzwerk der Open-Science-Initiative (NOSI; https://osf.io/) vollzogen werden kann, soll die Wahrscheinlichkeit fraglicher Forschungspraktiken reduzieren. Zu fraglichen Forschungspraktiken zählt beispielsweise, gemessene Variablen bzw. experimentelle Bedingungen nicht vollständig zu berichten und erst nachträglich aufgestellte Hypothesen als ursprüngliche Forschungsannahmen darzustellen. Eine Vorreiterrolle in der Nutzung von Präregistrierungsmöglichkeiten kommt in der psychologischen Forschung derzeit der Sozialpsychologie zu. In der arbeits- und organisationspsychologischen Forschung wird diese Option nur sehr vereinzelt genutzt. Möglicherweise hängt dies zumindest teilweise auch mit einer noch zu geringen Kenntnis solcher Initiativen zusammen.

Zusammenfassung

Betrachtet man die von Experten/Expertinnen identifizierten Trends in der Arbeitswelt, fällt auf, dass Themen wie die Gesundheit der Beschäftigten, die Diversität der Belegschaft, Einflüsse moderner Informationstechnologien sowie die Nutzung großer Datenmengen bereits seit einigen Jahren als wichtige Herausforderungen gelten. Teilweise, aber nicht durchgängig werden solche Trends zu Themen in der arbeits- und organisationspsychologischen Forschung. Dass sich nicht alle Themen als Forschungsgegenstände in Fachpublikationen wiederfinden, hat u. a. mit der Planungs- und Durchführungsdauer seriöser Forschung zu tun, aber sicher auch damit, dass Wissenschaftler/-innen nicht unbedingt einem neuen Trendthema gegenüber ihrem bisherigen Expertisebereich den Vorzug geben. Zweifellos ist die Arbeits- und Organisationspsychologie aber ein Forschungsgebiet, von dem Praxisakteure Antworten zu Fragen, die sich auf aktuellen Trends in der Arbeitswelt ergeben, erwarten. Um dem gerecht zu werden, stehen aktuelle Trends beispielsweise im Fokus speziell aufgelegter Drittmittelprogramme. Neben Trends in der Arbeitswelt wird die Zukunft der arbeits- und organisationspsychologischen Forschung auch durch aktuelle wissenschaftsethisch begründete Herausforderungen mitbeeinflusst werden. Dazu zählt beispielsweise die Forderung nach Replikation von Befunden oder nach Open Science. Hier sind bei der praktischen Umsetzung die Besonderheiten der arbeits- und organisationspsychologischen Forschung zu beachten, wie die Berücksichtigung von Kontexteinflüssen, die die Umsetzung von Replikationsstudien erschweren, oder die Freigabe von Forschungsdaten, die sensible personenbezogene Daten enthalten.

Literatur

Bromme, R. (2000). Beyond one's own perspective: The psychology of cognitive interdisciplinarity. In P. Weingart & N. Stehr (Hrsg.), *Practising interdisciplinarity* (S. 115–133). Toronto: University of Toronto Press.

Deutsche Forschungsgemeinschaft. (2015). Leitlinien zum Umgang mit Forschungsdaten. http://www.dfg.de/download/pdf/foerderung/antragstellung/forschungsdaten/richtlinien_forschungsdaten.pdf.

Open Science Collaboration. (2015). Estimating the reproducibility of psychological science. *Science, 349,* aac4716.

Printed in the United States
By Bookmasters